Afirmar-se
com
Nietzsche

Dados Internacionais de Catalogação na Publicação (CIP)
(Câmara Brasileira do Livro, SP, Brasil)

Thomass, Balthasar
  Afirmar-se com Nietzsche / Balthasar Thomass ; tradução de Fábio Creder. – Petrópolis, RJ : Vozes, 2019.

  Título original : S'affirmer avec Nietzsche.
  Bibliografia.

  2ª reimpressão, 2019.

  ISBN 978-85-326-6048-0

  1. Nietzsche, Friedrich Wilhelm, 1844-1900 – Crítica e interpretação I. Título.

19-26234   CDD-193

Índices para catálogo sistemático:
1. Nietzsche : Filosofia alemã   193

Cibele Maria Dias – Bibliotecária – CRB-8/9427

Afirmar-se
com
Nietzsche

BALTHASAR
THOMASS

Tradução de Fábio Creder

© 2010, Groupe Eyrolles, Paris, France.
Edição brasileira contratada através da Agência Literária A.C.E.R.

Título do original em francês: *S'affirmer avec Nietzsche.*

Direitos de publicação em língua portuguesa – Brasil:
2019, Editora Vozes Ltda.
Rua Frei Luís, 100
25689-900 Petrópolis, RJ
www.vozes.com.br
Brasil

Todos os direitos reservados. Nenhuma parte desta obra poderá ser
reproduzida ou transmitida por qualquer forma e/ou quaisquer meios
(eletrônico ou mecânico, incluindo fotocópia e gravação) ou arquivada em
qualquer sistema ou banco de dados sem permissão escrita da editora.

CONSELHO EDITORIAL

Diretor
Gilberto Gonçalves Garcia

Editores
Aline dos Santos Carneiro
Edrian Josué Pasini
Marilac Loraine Oleniki
Welder Lancieri Marchini

Conselheiros
Francisco Morás
Ludovico Garmus
Teobaldo Heidemann
Volney J. Berkenbrock

Secretário executivo
João Batista Kreuch

Editoração: Ana Lucia Q.M. Carvalho
Diagramação: Sheilandre Desenv. Gráfico
Revisão gráfica: Lindsay Viola
Capa: Renan Rivero

ISBN 978-85-326-6048-0 (Brasil)
ISBN 978-2-212-54596-8 (França)

Editado conforme o novo acordo ortográfico.

Este livro foi composto e impresso pela Editora Vozes Ltda.

À memória de minha mãe, cujo ódio pelo cristianismo não foi suficiente para fechar as feridas que ele lhe infligiu, no que ela talvez se assemelhasse a Nietzsche.

"Vós não vos havíeis ainda procurado: foi quando me encontrastes.
Assim fazem todos os crentes. É por
isso que a crença vale tão pouco. Agora
vos intimo a que me percais e vos en-
contreis; e somente quando me tiverdes
todos renegado eu voltarei..."
NIETZSCHE. *Ecce homo.*
Prefácio, 4.

Sumário

Modo de usar, 13

I – Os sintomas e o diagnóstico – O niilismo, essa doença humana, demasiado humana, 17

São nossas doenças que nos curam, 19

Deus está morto, mas não as suas sombras!, 27

Felicidade, curativo daqueles que já não querem nada, 36

Quando a falta de sentido faz sofrer, 46

II – As chaves para compreender – Desintoxicar-se da moral, 55

A vontade de potência ou a perspectiva da vida, 57

Como a moral virou o mundo do avesso, 69

Os venenos da moral: ressentimento e má consciência, 77

Sair do rebanho para fundar a sua própria moral, 92

III – Os meios de agir – Tornar-se o que se é, 103

Retomar o caminho do sim, 105

Tornar-se lento para tornar-se forte, 115

Transformar os próprios pensamentos em instintos, 127

Melhor se ignorar para melhor se encontrar, 141

Amar seus inimigos, 152

IV – Uma visão do sentido da existência – A eternidade do efêmero, 161

A arte vale mais do que a verdade, 163

Gritar *bis* para a própria vida, 177

Ser um arco estendido para o futuro, 187

Elementos de uma vida, 196

Guia de leitura, 201

Os textos de Nietzsche citados, aqui traduzidos, foram originalmente utilizados pelo autor a partir das edições Garnier-Flammarion no que concerne à *Gaia ciência* [*Le gai savoir*], *Além do bem e do mal* [*Par-delà bien et mal*], *O crepúsculo dos Ídolos* [*Le crépuscule des idoles*] (traduzido por Patrick Wotling), *A genealogia da moral* [*La généalogie de la morale*] (traduzido por Éric Blondel, Ole Hansen-Løve, Théo Leydenbach e Pierre Pénisson), *Ecce homo*, *O Caso Wagner* [*Le Cas Wagner*] e *O anticristo* [*L'Antéchrist*] (traduzido por Éric Blondel). *Assim falava Zaratustra* [*Ainsi parlait Zarathoustra*] é citado na tradução de G.-A. Goldschmidt para a Livre de Poche. *Humano, demasiado humano* [*Humain, trop humain*] (traduzido por Robert Rovini), *Aurora* [*Aurore*] (traduzido por Julien Hervier) e as *Cartas* [*Lettres*] (traduzidas por Henri-Alexis Baatsch, Jean Bréjoux, Maurice de Gandillac e Marc de Launay) são citadas na edição da Gallimard. *Fragmentos póstumos* [*Les fragments posthumes*] foram traduzidos pelo autor a partir da Kritische Studienausgabe, editada por Giorgio Colli e Mazzino Montinari, Deutscher Taschenbuchverlag/De Gruyter, Munique. As citações não se referem à página do livro, mas ao número da parte e do aforismo. No que concerne aos fragmentos póstumos, elas não se referem ao volume, mas ao ano da redação para facilitar a localização nas diferentes edições e traduções.

Modo de usar

Este é um livro de filosofia diferente dos demais.

A filosofia sempre teve a ambição de melhorar nossa vida, fazendo-nos compreender quem somos. Mas a maioria dos livros de filosofia interessou-se, sobretudo, pela questão da verdade e limitou-se a estabelecer fundamentos teóricos, sem interesse pelas aplicações práticas. Nós, ao contrário, iremos tratar daquilo que podemos extrair de uma grande filosofia com vistas a mudar nossa vida: o pequeno detalhe cotidiano, assim como o olhar que lançamos sobre nossa existência e o sentido que lhe damos.

No entanto, não se pode pensar a prática sem revisar a teoria. A felicidade e a realização se complementam mutuamente e nenhuma delas acontece sem um esforço de reflexão. Procuraremos evitar a complacência e as receitas fáceis de certos manuais de desenvolvimento pessoal. Uma nova maneira de agir e de viver implica sempre também uma nova maneira de pensar e de se conceber. Descobriremos assim o prazer, por vezes vertiginoso, do pensamento que, por si só, provoca já uma mudança em nossa vida.

Por isso, convidamos o leitor a refletir sobre alguns conceitos antes de lhe propor interrogar-se sobre si mesmo. Primeiramente cabe-nos identificar nossas questões, em seguida interpretá-las com a ajuda de novas teorias para, enfim, poder remediá-las por meio de ações concretas. Somente depois que já tivermos mudado nossa maneira de pensar, de sentir e de agir é que poderemos nos interrogar a respeito do quadro mais amplo de nossa vida e seu sentido. É por isso que este livro, dividido em quatro grandes partes, avançará da seguinte forma:

I – Os sintomas e o diagnóstico

Nós determinamos inicialmente o problema a ser resolvido: De que sofremos e o que é que determina a condição humana? Como compreender com precisão nossos equívocos e nossas ilusões? Abordar os problemas de forma correta já é um primeiro passo em direção à sua solução.

II – As chaves para compreender

O que é que a filosofia traz de novo para iluminar essa compreensão? O que é que devemos mudar radicalmente em nossa maneira de ver para assumir de fato nossa vida? Aqui o leitor conhecerá as teses mais inovadoras da filosofia, as quais o ajudarão a produzir um novo olhar sobre si mesmo.

III – Os meios para agir

Como essa nova concepção do ser humano muda nossa maneira de agir e de viver? Como se pode aplicar ao cotidiano nossa nova filosofia? Como nosso pensamento transforma nossas ações que, por sua vez, transformam quem nós somos? O leitor encontrará aqui receitas que podem ser aplicadas ao seu cotidiano.

IV – Uma visão do sentido da existência

Apresentaremos, enfim, as teses mais metafísicas, mais especulativas de Nietzsche. Se o leitor já aprendeu a gerir melhor sua vida no dia a dia, resta-lhe agora descobrir um sentido mais global para enquadrar sua experiência. Enquanto os capítulos precedentes lhe mostravam *métodos*, *meios* para viver melhor, nesta última parte ele se confrontará com a questão do propósito, a *finalidade* da existência, que não pode ser determinado sem uma visão global e metafísica do mundo e do lugar que ocupamos nele.

Assim, esta obra não é um livro apenas para ser lido, mas também para ser posto em prática. Questões concretas a respeito de nossa vida acompanham as teses apresentadas em cada capítulo. Não o leia passivamente, mas arregace as mangas para questionar sua vida e obter, assim, respostas honestas e pertinentes. Com provocações e exercícios concretos, você será incitado a trazer para dentro de sua vida concreta os ensinamentos da filosofia. Da mesma maneira, esforce-se para apropriar-se deles e encontrar situações oportunas para praticá-los seriamente.

Você está pronto para começar a viagem? Pode ser que ela o surprcenda, ou pareça, às vezes, árida, ou quem sabe chocante... Você está preparado para sentir-se desestabilizado, arremessado em uma nova maneira de pensar e, portanto, de viver? Essa viagem através das ideias de um filósofo do século XIX o transportará também para o fundo de você mesmo. Então, deixe-se guiar ao longo destas páginas, acompanhando as questões e as ideias apresentadas, para descobrir como o pensamento de Sartre pode mudar sua vida.

I

Os sintomas
e o
diagnóstico

O niilismo, essa doença humana,
demasiado humana

São nossas doenças que nos curam

Recapitulando sua vida no livro *Ecce homo*, Nietzsche conta que a experiência decisiva da sua vida foi uma *cura*. A saúde *física* de Nietzsche era frágil. Ele sofreu repetidamente de enxaquecas, paralisias e problemas digestivos e oculares antes de colapsar psiquicamente, dez anos antes da sua morte. Mudar de lugar, de clima, de culinária, descobrir o ar seco das montanhas suíças e o sol dourado da Itália foi uma maneira de se curar do mal-estar físico. Mas essa mudança de ambiente e de clima lhe valeu, sobretudo, uma cura mais importante, uma vez que também se pode estar doente da própria cultura e da própria sociedade, isto é, da própria maneira de viver e de pensar.

Adoccer permite romper com os próprios hábitos

O primeiro benefício da doença física é o de constituir uma ruptura. Ela nos obriga a romper com o quotidiano e nossos velhos hábitos. Ela nos permite nos soltarmos de nosso ambiente, de tudo quanto pareça reconfortante e confortável, mas que, na realidade, nos adormece e paralisa:

> "A doença *libertou-me lentamente*: poupou-me de toda ruptura, de toda atitude violenta e chocante. [...] A doença conferiu-me, ao mesmo tempo, o direito a uma transformação completa de todos os meus hábitos: permitiu-me, *ordenou*-me o esquecimento; presenteou-me com a *obrigação* ao sossego,

ao lazer, à espera e à paciência... Mas é a isso que se chama pensar!" (*Ecce homo*. "Humano, demasiado humano", 4).

Ao libertar-nos dos laços do quotidiano, a doença também solta o nosso pensamento. Na solidão e no repouso, este se emancipa das convenções que até então nos prendiam, e dos imperativos práticos que regulavam nossa vida social. Ele pode então divagar, se aventurar, levantar voo, mas também escavar, se incrustar no baixio, chafurdar na lama.

A doença muda nossas prioridades

Quando estamos acamados, ou mesmo paralisados pela dor, ocorre uma mudança de perspectiva: o que anteriormente nos parecia importante nos parece doravante risível, o que era pequeno se torna, de repente, enorme, e o que havíamos negligenciado se torna um desafio capital. A doença cria uma proximidade sufocante em relação a nós mesmos, e uma maior distância em relação ao que nos rodeia. As coisas aparecem então sob uma claridade mais sóbria e mais fria, que, através do próprio prisma da dor, talvez nos faça ver as coisas com mais clareza, precisão e objetividade.

> "O ser profundamente sofredor lança sobre as coisas, *do fundo* do seu mal, um olhar de uma terrível frieza: todos esses pequenos encantamentos enganadores no meio dos quais as coisas banham-se habitualmente quando são contempladas pelos olhos de alguém saudável, desapareceram para ele: ele mesmo jaz sob o seu próprio olhar, sem charme e sem cor. Supondo-se que ele tenha vivido até então em algum devaneio perigoso, o chamado supremo à realidade da dor constitui o meio de arrancá-lo deste devaneio, e talvez o único meio" (*Aurora*, II, 114).

Descobrir a própria vitalidade através da doença

Assim, nos piores tormentos, o doente descobre a vida que dormia nele. Diante da dor, ela se rebela, alimentando-se de qualquer coisa que a possa fortalecer. Em um primeiro momento, redescobrimos os pequenos prazeres fugazes, a importância do que é próximo e quotidiano, que havíamos esquecido em favor de interrogações metafísicas que parecem doravante vãs e deslocadas. Doentes, já não temos escolha: somos forçados a provar os mínimos detalhes para não sucumbir ao fatalismo. Cada sorriso se torna uma vitória, cada lufada de ar, uma delícia, cada raio de sol, uma bênção. Assim, conhecemos "a felicidade no inverno", "as manchas do sol na parede"[1]. Nós aprendemos a gratidão pela vida, tal como lagartos se prostrando perante o sol.

Através da experiência da doença, algo muito importante aconteceu. A dor física nos forçou a superar nossas dores psíquicas, obrigados como estávamos a mobilizar todas as nossas forças psíquicas para resistir ao colapso do nosso corpo. A doença aparece assim como a cura mais eficaz contra o pessimismo.

> "É assim que, de fato, me parece *agora* esse longo período de doença: eu redescobri, por assim dizer, a vida, inclusive a mim mesmo, experimentei todas as coisas boas e até mesmo as pequenas, como outros não conseguiriam fazê-lo facilmente – fiz da minha vontade de saúde, de *viver*, a minha filosofia... Que se atente a isso: os anos de estiagem da minha vitalidade foram aqueles nos quais *deixei* de ser pessimista; o instinto de reconstituição de si me *proibia* uma filosofia da pobreza e do desânimo" (*Ecce homo*. "Por que sou tão sábio", 2).

A doença, o melhor remédio contra o pessimismo

Em certo sentido, é a doença que nos cura da doença. O desgosto dos homens e da vida, e a insatisfação crônica são um luxo que só nos permitimos quando estamos saudáveis. Perante o sofrimento, seria uma capitulação contra a qual o nosso orgulho se empina. O pessimismo é legítimo enquanto desafio, jogo psicológico, coragem intelectual ou como um duelo revigorante com a escuridão da realidade. Mas é inaceitável se for ape-

---

1 *Humano, demasiado humano*, I, prefácio, 5.

nas uma mera consequência do sofrimento. Nós seríamos, então, seres sem alma, sem vontade, sem instintos, que repercutiriam mecanicamente no pensamento tudo quanto o seu corpo sofresse. No zênite dos seus tormentos, Nietzsche exclama: "Não é porque sofremos que temos direito ao pessimismo!" E ele prescreve uma cura do "otimismo, com o propósito do restabelecimento, para um dia ter de novo a permissão para ser pessimista"[2].

O convalescente se vê, portanto, investido de uma nova vitalidade: uma alegria traquinas, um otimismo de meias-tintas que é também um pessimismo alegre. É porque já passamos pelo pior que podemos apreciar o melhor. É porque já passamos pelo peso do sofrimento que podemos nos dar ao luxo da leveza. A doença nos aprofundou. Sua travessia é nada menos que um novo nascimento.

> "[...] Voltamos *regenerados* de tais abismos, de um tão duro definhamento da pesada suspeita, tendo feito pele nova, mais suscetíveis, mais maldosos, com um gosto mais fino para a alegria, com uma língua mais delicada para todas as coisas boas, com sentidos mais alegres, com uma segunda e mais perigosa inocência na alegria, ao mesmo tempo mais infantis e cem vezes mais refinados do que nunca havíamos sido antes" (*A gaia ciência*. Prefácio, 4).

Há tantas saúdes quantas doenças

Somente adoecendo descobrimos nossa saúde. Enquanto não havíamos adoecido, não tínhamos nenhuma razão para mobilizar nossos instintos de defesa e de cura. A saúde não é um estado estático que possuiríamos ou não. Trata-se de um estado dinâmico, de uma luta e uma conquista da doença. Todavia, não se trata tampouco do seu contrário, de um espaço contíguo ao território estrangeiro e hostil cuja fronteira teríamos atravessado. Entre saúde e doença, não há uma diferença de natureza, mas somente

---

2 Ibid., II, prefácio, 5.

de grau[3]. A saúde é uma doença mais harmoniosa, mais enérgica e mais centrada. A doença é uma saúde espalhada, anárquica e esgotada. A saúde não é a ausência de doença – de infecções, de vírus, de deficiências, de malformações, de acidentes, de ferimentos, de defeitos hereditários – mas a defesa instintiva contra a doença.

Se a saúde é, antes de tudo, uma maneira de superar a doença, inevitavelmente há tantas saúdes quantas doenças. Não podemos mais admitir que exista apenas uma saúde, um estado normal do corpo, uma norma universal à qual deveríamos corresponder para sermos saudáveis. Tampouco há regras de vida ou de higiene válidas para todos, como os preceitos da OMS ou os conselhos da Academia de Medicina, que seria suficiente seguirmos para encontramos a nossa vitalidade máxima.

O desafio consiste então em descobrirmos a *nossa* própria saúde. Mas, sem conhecermos nossa doença, temos poucas chances de conhecer nossas defesas íntimas, nossa vitalidade singular necessariamente dirigida contra e despertada pelo que se opõe a ela.

A grande saúde é um diálogo com a doença

Nietzsche formou o conceito de uma *grande saúde*. Trata-se de um olhar particular sobre a doença, que implica também um olhar particular da doença *sobre* a saúde. É combatendo a doença que aprendemos a ver nossa saúde e a experimentá-la. Em contrapartida, é graças a essa nova saúde que compreendemos nossa doença e detectamos suas manifestações onde acreditávamos estar saudáveis. Por essa grande saúde, a doença se torna um meio de conhecimento, um terreno de experimentação. E seríamos quase tentados a contrair um grande número de doenças para descobrir tanta saúde!

> "A grande saúde [...] que nós não somente possuímos, mas que adquirimos constantemente, que somos forçados a adqui-

---

3 *Fragmento póstumo de 1888*, 14 {65}

rir, porque a sacrificamos sem cessar, porque devemos sacrificá-la sem cessar!" (*A gaia ciência*, V, 382).

Numerosos são os exemplos históricos dessa grande saúde. Pode-se mesmo supor que toda grandeza humana nasça do combate, da superação, da sublimação de uma forma ou outra de doença, e isso, de uma maneira absolutamente pessoal e singular. Podemos ver a frase ofegante de Marcel Proust como uma maneira de viver com a sua asma, a percepção do espaço e das cores de Van Gogh como um significado dado aos seus transtornos mentais, a abstração formal das últimas obras de Beethoven como uma resposta à sua surdez crescente. Além disso, os grandes alcoólatras, como o escritor Malcolm Lowry, e os grandes toxicômanos, como o trompetista Chet Baker, mostram que certas pessoas têm necessidade de *inventar* a sua própria doença, de encontrar na dependência física e na tendência autodestrutiva o seu inimigo íntimo, o estimulante que eles precisavam para açoitar *seu* vigor, *suas* defesas, a fim de se concentrarem inteiramente na *sua* maneira de florescer.

A doença, um caminho para o autoconhecimento

Nietzsche compara assim a saúde com a liberdade de opinião: nós temos tanta necessidade de uma saúde própria quanto de uma opinião pessoal, porque "o que alguém precisaria para a sua saúde seria para o outro uma causa de doença" (*Humano, demasiado humano*, I, 5, 286). A travessia da doença torna-se assim uma busca de si.

> "Pois não existe saúde em si, e todas as tentativas de definir esse tipo de coisa fracassaram miseravelmente. É do seu propósito, do seu horizonte, das suas pulsões, dos seus erros e, em particular, dos ideais e fantasias da sua alma que depende a determinação *daquilo que* a saúde mesma deve significar para o *seu* corpo. Existem inúmeras saúdes do corpo" (*A gaia ciência*, III, 120).

Foi a doença que obrigou certos homens notáveis a encontrarem sua vocação, seu remédio, sua saúde como nenhuma outra. Eles não tinham escolha. Se não encontrassem a sua via singular, eles certamente terminariam no hospital, no asilo, na prisão ou no cemitério. De uma certa maneira, devemos admitir que esses indivíduos são mais saudáveis, mais vigorosos e mais robustos do que nós, que vivemos no conforto de uma saúde padrão. Para eles, sem nenhuma dúvida:

> "A doença é um poderoso estimulante. Mas é preciso ser suficientemente saudável para esse estimulante" (*Fragmento póstumo de 1888*, 15 [118]).

Será que nós somos saudáveis o bastante para um tal estimulante? Talvez ignoremos a doença da qual sofremos, e talvez não tenhamos ainda descoberto os nossos próprios remédios, vitalidade e vocação. Qual será, então, a doença elusiva da qual sofremos, essa doença mais geral e mais fundamental, da qual derivam as doenças mais particulares?

Questões vitais

1) Da próxima vez que você ficar doente ou sentir alguma dor, ainda que passageira, preste atenção à maneira como a dor muda a sua percepção. Você sente mais distância ou proximidade das coisas? Elas parecem mais vivas ou mais neutras? Será que você pode reter alguma coisa dessa percepção influenciada pela dor e servir-se dela na sua vida dita "normal"?

2) A experiência da dor, da doença, lhe trouxe alguma mudança de perspectiva, um reajuste de prioridades? Você sente que, graças ao sofrimento, algumas coisas perderam sua importância e outras, que você não suspeitava, ganharam importância? A doença o livrou de algum peso, libertou-o de alguma preocupação, ela o aliviou? Ao mesmo tempo, será que ela lhe deu uma força, um centro de gravidade?

3) Todos vivenciamos episódios de desânimo e cansaço. Mas quando eles sobrevêm? É quando você é confrontado a uma dor, uma dificuldade, um luto que você se desanima? Se, ao contrário, for a ausência de obstáculos, de desafios, que o torna cansado, será que você descobre uma força no combate contra a dor? Se não for esse o caso, aprenda a prestar atenção nas pequenas manifestações de vida, nas pequenas revoltas contra o sofrimento que despertam nos seus estados mais mórbidos, mais desesperados. Às vezes, uma risadinha cínica pode salvá-lo do desespero, se você souber tomá-la como o fio condutor da sua vontade de viver, apesar de tudo.

4) Será que você percebe, na sua maneira de viver, momentos de vitalidade particularmente intensos, momentos de grande produtividade ou de uma sensibilidade particularmente perceptiva? Será que o seu estado nesses momentos corresponde ao que geralmente se considera como um "estado normal" de saúde ou de bem-estar, ou algumas pessoas poderiam considerá-lo "patológico"? Por exemplo, você se sente particularmente vivo quando está descansado ou, ao contrário, quando está muito cansado; em jejum ou depois de uma boa refeição, seja ela quente ou fria? Seguindo a pista desses estados particulares, talvez você possa encontrar a sua "grande saúde".

Deus está morto, mas não as suas sombras!

A doença da qual Nietzsche faz o diagnóstico e da qual gostaria de ser o médico se chama *niilismo*. É o sentimento de que a existência não tem sentido, de que a vida não tem valor, de que o esforço não vale a pena, de que tudo se equivale – o bem como o mal, a riqueza como a pobreza, a beleza como a feiura. Por conseguinte, como tudo é nada, o nada vale mais do que o ser, a morte vale mais do que a vida. Todos nós conhecemos esse sentimento quando atravessamos um episódio depressivo. Não conseguimos mais nos levantar de manhã, porque não encontramos em nossas jornadas nenhum propósito que valeria a pena perseguir. Não só já não somos capazes de sentir alegria, mas já não sabemos sequer ficar tristes. Nós nos tornamos indiferentes a tudo aquilo que nos acontece. Para o bem ou para o mal, as coisas perderam o valor e o gosto.

Quando a vida já não tem propósito

Por detrás desse niilismo pessoal e – assim o esperamos – episódico, que é a depressão, Nietzsche detecta uma depressão mais geral, a depressão de toda uma civilização, de toda uma época, que às vezes age de maneira subterrânea. Nietzsche descreve o niilismo nestas palavras muito sucintas:

"*Niilismo*: falta o 'propósito', falta a resposta para 'por quê?'. O que significa o niilismo? – que os mais altos valores se desvalorizam" *(Fragmento póstumo de 1887, 9 [35])*.

O niilismo parece então associar uma paralisia prática e um nada teórico. Já não conseguimos agir, já não sabemos o que fazer, porque já não sabemos o que pensar. Já não conseguimos acreditar no sentido da vida, nem nos objetivos que havíamos estabelecido para nós mesmos, nem nos valores que defendíamos e respeitávamos. O que nos fez deixar de acreditar? Por que os nossos valores mais altos se desvalorizaram? Uma decepção? Uma traição? Um acidente da vida? Ou simplesmente a frustração, o esgotamento do fracasso repetido?

Para aquele que foi o mestre filosófico de Nietzsche, Arthur Schopenhauer, é a crueldade impiedosa da existência que faz com que ela se desvalorize a si mesma. A vida é uma luta incessante para satisfazer nossos desejos cegos e tirânicos que, assim que são satisfeitos, nos decepcionam e nos empurram para uma nova busca ainda mais desesperada. Por conseguinte, "a vida oscila, tal como um pêndulo, entre a dor e o tédio" (*O mundo como vontade e representação*, 1. c. § 57). A única saída consiste em renunciar ao desejo, em "negar a vontade de viver", em preferir a morte à vida, não escolhendo o suicídio, mas vivendo como um morto, como alguém que renunciou a tudo o que está vivo em si.

Todos conhecemos esses episódios de desânimo nos quais tudo nos parece vão e doloroso. No entanto, em certas pessoas, os desejos impetuosos se combinam com uma sensibilidade à flor da pele, de tal sorte que o desejo, a vontade e a vida lhes aparecem necessariamente como um sofrimento interminável e absurdo. Como chegamos aí? Como a vida pode negar-se a si mesma? Eis a questão que atormenta Nietzsche, e que o levará a se opor, cada vez mais frontalmente, àquele que foi seu mestre.

Quando a crença se torna impossível

A *tomada de consciência* do niilismo é inicialmente desencadeada pelo evento que Nietzsche chama de *a morte de Deus*. O avanço da nossa civilização, da nossa cultura, da ciência e da nossa sensibilidade moral nos impede, cada vez mais, de acreditar na sua existência e em todos os dogmas que daí decorrem nas diversas religiões. Esse fato se anuncia, em um primeiro momento, como uma verdadeira catástrofe:

> "O louco correu no meio deles e lhes trespassou com o olhar. 'Para onde foi Deus?', gritou ele, 'eu vou lhes contar! *Nós o matamos* – vocês e eu! Somos todos seus assassinos! Mas como fizemos isso? Como pudemos beber o mar até a última gota? Quem nos deu a esponja para fazer desaparecer todo o horizonte? O que fizemos separando esta terra do horizonte?'" (*A gaia ciência*, III, 125).

Será que foi realmente o homem quem matou Deus, ou será que ele sucumbiu a uma morte natural, enfraquecido pelas suas próprias contradições? Por que será que já não conseguimos acreditar nele? Será que somos animados pelo desejo arbitrário de nos revoltarmos, de negar a autoridade, de seguir apenas nossas vontades sem prestar contas a uma autoridade superior?

A religião matou Deus e o homem perdeu sua bússola

Nietzsche nos ensina, ao invés disso, que é em nome dos valores que o próprio cristianismo nos inculcou que este último nos parece agora suspeito. O cristianismo nos ensinou a venerar a verdade como a um deus. Mas é por causa desse amor melindroso da verdade que somos forçados a questionar as mentiras da religião. O cristianismo prega uma moral da compaixão. Mas é por causa dessa delicadeza moral que a absoluta crueldade – aqui como no além – com a qual o cristianismo trata seus inimigos se nos tornou insuportável.

"Em que já não somos cristãos: nós ultrapassamos o cristianismo, não porque estejamos muito distantes, mas porque vivíamos muito perto dele, ainda mais porque aí se encontram nossas *raízes* – é a nossa piedade mais severa, mais exigente, que nos *proíbe* hoje de ainda sermos cristãos" (*Fragmento póstumo de 1885-1886*, 2 [200]).

Sim, nós matamos Deus. Todavia, nossa consciência, nosso rigor, nossos escrúpulos, nossa sensibilidade moral e a honestidade intelectual que Nietzsche denomina *probidade* – coisas que devemos todas à religião – é que são culpados disso. Nós não o fizemos por falta de amor. Ao contrário, teríamos desejado que Deus nunca morresse, que ele cumprisse suas promessas e respeitasse os valores que nos revelou. Sua morte é, portanto, mais do que uma decepção. Trata-se de uma traição, de um verdadeiro abandono. O homem já não tem centro de gravidade, está tonto e se sente em queda livre.

A morte de Deus equivale a uma perda de sentido e direção. A religião cristã, com seu relato das origens e sua visão de um fim do mundo, com sua cartografia de um paraíso e de um inferno, colocando o homem na terra entre o céu e as trevas, estruturou o tempo e o espaço. Ela tornou a terra habitável para o homem construindo limites, muros, jardins distantes para descansar seus olhos, pátios internos para protegê-lo das tempestades do nada, campanários e minaretes para ajudá-lo a se manter ereto. Com as suas Tábuas da Lei, seus pecados e suas virtudes, suas promessas de uma vida eterna, de uma reparação das faltas e de uma recompensa pelos sacrifícios, a religião deu ao homem uma meta, uma esperança, um consolo para todos os amargores da vida. Ora, com a morte de Deus, o homem perdeu o quadro geral que o fazia suportar os sofrimentos, as dúvidas e as absurdidades da existência.

A invenção de Deus é mais niilista do que a sua morte

Podemos, no entanto, nos perguntar como a mera perda de uma crença, que, além do mais, se revelou mentirosa, pôde tornar a vida insuportável. Como se explica que tenhamos necessidade de uma mentira para viver? E se o problema fosse muito mais profundo do que queríamos acreditar? Será verdade que ao deixarmos de acreditar em Deus nos tornamos niilistas, perdemos o propósito e os valores da vida? Ao contrário, não teríamos antes *necessidade* de acreditar em Deus *porque já* éramos niilistas, porque *já* não encontrávamos nem propósito nem valores na vida?

Eis a intuição fundamental, propriamente genial, de Nietzsche: o niilismo não começa com a morte de Deus, mas com o próprio nascimento de Deus. O niilismo não é tanto a queda dos valores supremos quanto a necessidade inicial de os erigir, não é tanto o fato de deixar de acreditar quanto a necessidade de acreditar. Não estamos doentes porque já não tomamos nosso remédio, mas porque tivemos, em primeiro lugar, a necessidade de um tal remédio – ineficaz e talvez até mesmo tóxico. A morte de Deus não é, portanto, a *causa*, mas a *consequência* do niilismo. Nietzsche escreve:

> "A provar: que a maneira de pensar niilista é a *consequência* da crença nos valores *morais* e *sacerdotais*: quando o valor foi colocado de maneira errônea, o mundo parece *desvalorizado* sempre que essa falsidade está compreendida" (*Fragmento póstumo de 1888*, 22 [3]).

Vê-se bem aqui o erro de ótica desse niilismo *secundário* – a morte de Deus – em relação ao niilismo *primário* – o nascimento do Deus cristão: confundimos a desvalorização dos valores cristãos com a desvalorização da própria vida. Não é porque os valores cristãos se revelaram falsos que a vida mesma já não tem valor.

Nossos deuses substitutos

Poder-se-ia objetar que tudo isso está atrás de nós, que a morte de Deus doravante faz parte da história, que aprendemos desde então a construir novos valores mais humanos e mais próximos da vida. No entanto, a morte de Deus não é um evento único. Um grande número de deuses morre a cada dia: deuses íntimos, sociais, políticos, artísticos e sentimentais. Nós todos temos necessidade de um ídolo, de um ideal, de uma pequena ou de uma grande divindade – utopia política, mulher amada, plano de carreira – para dar um sentido à nossa vida, e colapsamos com a morte desse ideal. Nietzsche prevê, com efeito, que a morte de Deus será seguida por inúmeras mortes de deuses substitutos. Não deixamos tão facilmente os nossos hábitos, e teremos necessidade, ainda durante muito tempo, de erigir e venerar ídolos, por mais falsos que sejam.

> *"Novos combates* – Depois que Buda foi morto, sua sombra ainda se mostrou por séculos em uma caverna, – uma sombra formidável e aterrorizante. Deus está morto: mas a espécie humana é feita de tal maneira que ainda haverá durante milhares de anos cavernas no fundo das quais se mostrará a sua sombra. E nós, devemos também vencer a sua sombra!" (*A gaia ciência*, III, 108).

Nossos terrores modernos, herdeiros dos terrores cristãos

O século XX foi aquele das sombras de Deus, dessas ideologias e utopias que se revelaram religiões substitutas. A primeira sombra de Deus era, para Nietzsche, o socialismo – que ele, no entanto, conhecia mal, confundindo-o muitas vezes com o comunismo e o anarquismo. Ele viu nele apenas a continuação do cristianismo por outros meios. E ele estava certo: a descoberta dos horrores do Arquipélago Gulag, da Revolução Cultural Chinesa, do autogenocídio do povo cambojano pelo Khmer Vermelho, e a queda final do Muro de Berlim foram vividos por muitos como um trauma igual ou maior do que a morte de Deus. Quanto aos anos que se seguiram – a década de 1980, com suas hordas de trotskistas convertidos em publicitários, a busca desenfreada do lucro, o relativismo cultural chamativo, o fascínio irônico pelo mau gosto, a provocação gratuita para uns, a descida ao inferno na droga ou no terrorismo para outros –, foram mesmo anos de niilismo que levaram seja à depressão, seja ao cinismo.

Para Nietzsche, a segunda sombra de Deus é a ciência. Não o gosto pela experimentação, a arte da dúvida ou da hipótese audaciosa – aspectos essenciais da cultura científica que Nietzsche reivindica para si mesmo –, mas a fé cega e a crença inflexível em uma verdade absoluta que resolveria todos os nossos problemas em uma única via de salvação. As pretensões científicas mais recentes, da vontade de conduzir o homem à vida eterna às tentativas de o melhorar pela medicação ou manipulação genética, dão razão a Nietzsche: a ciência tende a ocupar o lugar deixado vago pela religião.

Não ter medo do niilismo

A análise nietzscheana do niilismo cultural é igualmente válida para o nosso niilismo íntimo, a depressão. Quando nós somos traídos por um ente querido, decepcionados por uma vocação ou um ideal político, nós acreditamos que a nossa angústia se deva somente à perda do nosso ideal. Ora, nós devemos compreender que essa angústia é muito mais antiga, que é por causa dela que nós tínhamos tanta necessidade do nosso ideal. Somos então obrigados a encarar o niilismo e a suportar, tanto quanto possível, a falta de significado em nossas vidas. Não podemos escondê-lo de nós mesmos procurando deuses substitutos. Tampouco podemos voltar atrás e encontrar refúgio nas nossas antigas venerações.

> *"Soprado ao ouvido dos conservadores. –* O que nós não sabíamos antes, mas que sabemos, deveríamos saber hoje, – uma *regressão*, uma meia-volta, de certa forma e em certa medida, é absolutamente impossível. [...]

"Não há nada a ser feito: *é preciso* avançar, quero dizer, *continuar passo a passo na decadência* (– essa é a *minha* definição de 'progresso' moderno...). Podemos *entravar* este desenvolvimento, e ao entravá-lo, conter a própria degenerescência, *acumulá-la*, fazê-la ganhar em veemência e em *brusquidão*: não podemos fazer mais" (*O crepúsculo dos ídolos*. "Incursões de um extemporâneo", 43).

Perante a "crise dos valores", esqueçamos os valores e lancemo-nos na crise. Será talvez aí, no que Nietzsche chama de "decadência", na privação total de sentido, que veremos brilhar na noite as centelhas do que serão *os nossos* valores: os valores que a própria vida produz.

Questões vitais

1) Será que você vive momentos nos quais tudo lhe parece desprovido de sentido, nos quais nada mais lhe interessa? Se sim, a que você atribui essa perda de sentido? Tente ser tão preciso e honesto quanto possível na sua resposta; a questão não é simples!

2) Será que você precisa, para se sentir realizado, de um "ideal", de uma divindade não necessariamente religiosa, de um "propósito" que lhe venha do exterior e não de você mesmo? Tente explicar por quê. Em seguida, tente visualizar o que seria da sua vida sem esse ideal, essa divindade, esse propósito. Será que você poderia suportar uma vida assim ou lhe pareceria absurda?

3) Será que você consegue encontrar sentido suficiente em você mesmo, nos pequenos gestos do quotidiano, nas mil surpresas que a vida lhe reserva? Se a resposta for não, será que você pode tentar fazê-lo, encontrar você mesmo um sentido? De que maneira a vida poderia ser justificada por si mesma, e não mais precisar ser justificada por um "ideal", um "deus" ou um "valor"; alguma coisa vinda do exterior?

4) Como você reage a uma perda, uma decepção, uma traição? Será que você quer voltar atrás e recuperar o que perdeu ou você procura um substituto semelhante ao que você perdeu?

5) Por ocasião dessa perda, como você explica o estado de angústia ou de depressão que se segue? Você o atribui somente à perda do objeto amado e venerado, ou você pode entrever que a angústia sentida já existia antes da perda, antes mesmo do encontro com o ideal ou o objeto amado? A percepção dessa angústia originária o assusta, envergonha?

Felicidade, curativo daqueles que já não querem nada

O homem se encontra dilacerado entre dois mundos, aquele dos velhos ideais e aquele da realidade que ele começa a perceber. Na linguagem da tradição filosófica platônica, ele se dá conta de que o Bem e a Verdade – o que é favorável à vida e o que existe na realidade – não são idênticos, como Platão acreditava. O homem se sente cortado ao meio, com uma parte que acredita no Bem e a outra na Verdade. Ele gostaria de aderir às mentiras que lhe permitem viver, mas sabe que já não tem o direito de fazê-lo. Torna-se assim uma contradição ambulante, uma vez que seus julgamentos e seus desejos se contradizem.

> "O homem moderno representa, biologicamente, uma contradição dos valores, ele está sentado entre duas cadeiras, ele diz Sim e Não em um único folego" (*O Caso Wagner*. O epílogo).

Do conforto de ser cético

A incapacidade de separar o sim e o não se torna assim uma característica importante do niilismo. O niilista já não sabe enunciar um sim franco, um não definitivo. Ele já não sabe tomar partido, e tampouco sabe se comprometer ou renunciar. Ele já não consegue estabelecer uma hierarquia de preferências. Quando assume uma posição, é sempre de maneira, na melhor das hipóteses, irônica, e na pior, hipócrita. O *ceticismo* se torna assim a filosofia das épocas niilistas, quando elas não vertem, por compensação, no seu contrário: o *fanatismo*. Para Nietzsche, há duas maneiras de ver o ceticismo. Por um lado, é a manifestação de uma grande liberdade e de uma exigência intelectual: é a força de um espírito que se recusa a submeter-se a qualquer dogma, a qualquer certeza tranquilizadora. Como tal, é a condição preliminar de todo pensamento verdadeiro. Ser cético dessa maneira ativa é experimentar novas ideias e tentar novas maneiras de viver.

> "Regozijo-me com qualquer ceticismo ao qual me seja permitido responder: 'Experimentemos!' Mas não quero mais ouvir falar dessas coisas e dessas questões que não admitem a experiência. Tal é a fronteira do meu 'senso de verdade'. Pois a bravura aí perdeu os seus direitos" (A *gaia ciência*, I, 51).

Mas o ceticismo pode também ser exatamente o contrário. É então um ceticismo *passivo*, que traduz um *medo* de afirmar, de defender, de arriscar qualquer ideia. Torna-se uma forma de *conforto* intelectual, um tranquilizante que evita a ação, um laxativo que purga as ideias negras. Nesse sentido, afirma-se como a filosofia mais consensual que existe: por medo de tomar partido, o cético acaba por se acomodar completamente.

> "'Já não estão os ouvidos suficientemente cheios de ruídos penosos? – disse o cético, fingindo ser amigo da calma e quase uma espécie de policial que vigia a ordem pública: este não subterrâneo é intolerável! Calem-se, enfim, toupeiras pessimistas!' É que o cético, essa criatura delicada, se assusta demasiado facilmente; sua consciência é treinada para se sobressaltar e sentir uma espécie de dentada ao menor não, ou mesmo a um firme e resoluto sim. Sim! e Não! – eis o que ofende a sua moral" (*Além do bem e do mal*, VI, 208).

O ceticismo traduz assim uma reação de defesa contra as ideias que poderiam nos colocar em perigo. Mas também revela uma forma de *fraqueza da vontade*: a incapacidade de tomar uma decisão, tanto de negar quanto de afirmar, de empenhar-se de corpo e alma por uma ideia. O cético, assim como o niilista, é alguém que perdeu seus instintos. Ele já não sabe o que é bom para ele, o que o seu corpo reclama, e ele esconde essa confusão sob uma atitude intelectual. Se o ceticismo é, portanto, em um primeiro momento, uma libertação – das restrições da tradição, de nossos hábitos, da opinião dominante –, deve, em seguida, aprender a libertar-se dessa libertação cética.

A distinção entre esses dois ceticismos – o ceticismo do risco e o ceticismo do conforto – se encontra na distinção que Nietzsche faz entre duas manifestações do niilismo: o niilismo *ativo* e o niilismo *passivo*. Com efeito, o niilismo pode ter por causa tanto a força do espírito como a sua fraqueza. Podemos parar de acreditar nos ideais de nossa época porque o nosso espírito tornou-se forte demais, exigente demais, fino demais, vendo apenas as fragilidades e as imposturas desses ideais. Mas também podemos parar de acreditar, porque o nosso espírito se tornou tão fraco, que acreditar no que quer que seja implicaria muito esforço. Estamos fartos, cansados, amolecidos e já não conseguimos *manter* nossos antigos valores. É então que esse niilismo *passivo* se torna uma solução de facilidade. Estamos como que aliviados por não termos mais que carregar o peso de uma crença e de suas exigências. Enquanto o niilista *ativo* se aproveita do campo arruinado dos nossos valores como de um parque infantil para experimentar novos jogos, o niilista *passivo* se fecha na complacência em relação ao que é desvalorizado. O fim dos mais altos valores se torna a desculpa perfeita para a sua mediocridade e a sua preguiça.

É tão doce não aspirar a coisa alguma

Para o niilista passivo, a desvalorização dos mais altos valores é uma dádiva. A queda dos ideais nos dispensa de dever estar à altura do esforço e da disciplina que qualquer aspiração a um ideal implica. Malgrado todas as críticas que se possa dirigir ao cristianismo, é preciso admitir que seus ideais impuseram ao homem uma disciplina que o *obrigou* a se exceder: a arquitetura monumental das catedrais, a sutileza dos retratos da Virgem do

Renascimento italiano, a complexidade da música religiosa e a *Oferenda musical* de Bach são apenas algumas provas. No entanto, essa grandeza pretérita nos confronta com a nossa própria mediocridade. É por isso que o niilista *passivo* se compraz com o desaparecimento de todos os ideais que lhe inspiram, no máximo, apenas "zombarias" incessantes.

É também por isso que o niilista passivo não suporta nenhuma forma de desigualdade, de diferença, de *distância* entre os indivíduos, e porque ele tem necessidade de *esfregar-se* incessantemente nos seus semelhantes. A igualdade perfeita dos homens o dispensa de ter que competir com os outros. A eventual superioridade do seu vizinho já não o obriga a se questionar e a buscar se superar. Pior, poderia acontecer que, ao ver a excelência dos outros, ele viesse a se *menosprezar*. Ora, se já não se é capaz de *menosprezar*, é-se igualmente incapaz de *admirar*. Os homens parecem ter banido esses dois sentimentos, entretanto indispensáveis para toda conquista de si.

Essa noção de igualdade – mas existem certamente outras concepções que podem ter o efeito contrário – tem por consequência o *estreitamento* geral do homem. Porquanto este já não tem nada que o ultrapasse – *nem Deus nem senhor* –, nenhum lugar para onde *crescer*, ele só pode diminuir-se ao ponto de desaparecer. Aos olhos de Nietzsche, esse homem é, portanto, o *último*. Com efeito, quando o ser humano para de crescer, ele chega ao fim, mesmo que esse fim seja interminável. Ávido por saúde como ele o é, o *último homem* é, na história humana, aquele que vive por mais tempo, mas a longevidade é o único objetivo que lhe resta.

A felicidade nunca é uma meta, apenas um efeito colateral

Quando se perdeu todos os ideais, desejo e loucura interior, resta apenas uma coisa: a *felicidade*. A felicidade é assim o ideal niilista por excelência, o ideal *padrão* das épocas de declínio, de decadência, de esgotamento. Apenas como último recurso deseja-se ser feliz: quando já não se tem a coragem de desejar, de querer, de se projetar fora de si. Certamente não é por acaso que hoje sejamos incapazes de nos empenharmos em um projeto coletivo, que olhemos com desconfiança para qualquer utopia, que percebamos todos os projetos do passado como fracassos por vezes mortais e que abundem livros que prometem ensinar como "ser feliz"[4].

A felicidade é certamente um estado real e desejável. Todavia, Nietzsche não cessa de lembrar que se trata apenas de um *efeito colateral*. Nós podemos ser felizes, mas somente como consequência de algo mais importante, de um propósito mais elevado. Nós ficamos efetivamente felizes quando realizamos um projeto, superamos um obstáculo, ganhamos uma aposta, aumentamos nosso poder. No entanto, essa verdadeira felicidade é alcançada quando visamos outra coisa – que poderia igualmente nos tornar infelizes. Se aspirarmos apenas à felicidade como tal, podemos estar certos de que encontraremos apenas uma felicidade mesquinha, insípida e soporífica. Contra os *utilitaristas* ingleses, que propõem a "maior felicidade do maior número" como o objetivo de qualquer sociedade justa, Nietzsche escreve:

> "Alguém que tenha o seu *porquê*? em relação à vida, entende-se com quase todo *como*? – O homem *não* aspira à felicidade; só o inglês o faz" (*O crepúsculo dos ídolos*. "Máximas e flechas", 12).

A felicidade *enquanto tal* é apenas um estado vazio, sem consistência. Se é desprovida de propósito, conteúdo, desafio, ela é apenas um *nada*, definido somente pelo que não é. É *ausência* de dor, de desejo, de agitação, de perigo, mas não representa nada de positivo por si mesma. É, na melhor das hipóteses, uma for-

---

4 Inclusive o meu próprio livro *Être heureux avec Espinoza* [Ser feliz com Espinoza]. Eyrolles, 2008. Mas no processo de cura, a felicidade pode constituir-se uma etapa intermediária necessária, uma fase de convalescença na qual nos poupamos com razão, ou na qual nos "prescrevemos uma dose de otimismo para termos um dia novamente o direito de sermos pessimistas", caso de recuperar as próprias forças para enfrentar mais tarde verdadeiras metas mais arriscadas.

ma de sono, e na pior das hipóteses, uma forma de morte. Daí a importância dos "venenos" para os últimos homens. Acredita-se resolver os problemas existenciais com psicotrópicos: um Prozac pela manhã, um Viagra à noite, um Stilnox de madrugada, tranquilizantes para crianças agitadas demais e antidepressivos para as outras. É que o niilista passivo não suporta nenhuma perturbação interior. O último homem admite tão pouco sentir algo *abaixo* dele quanto perceber alguma coisa *acima*. Ora, para Nietzsche, nós precisamos dos dois para nos lançarmos às alturas. Será que ainda temos caos suficiente – desordem, formigamento, energia bruta – em nós? Ou fizemos tudo para sufocá-lo, domesticá-lo, não somente à força de tranquilizantes, mas também à força de *razão*, de um planejamento e de uma racionalização excessivos da vida?

O trabalho, esse tranquilizante das massas

Um dos venenos mais eficazes para matar o caos criativo em nós é o *trabalho*. Nós hoje gostamos de vê-lo como a única via de autorrealização, o meio de "nos tornarmos o que somos", explorando nossos talentos. Mas será que essa ideia de um trabalho emancipador e gratificante verdadeiramente corresponde à realidade social e econômica do mundo do trabalho? Será que encontrar um lugar no mercado de trabalho não implica antes justamente o contrário, ou seja, despir-nos de tudo o que nos torna singulares para nos adaptarmos à demanda do mercado, às exigências gerenciais, à "filosofia de uma empresa"? Assim, Nietzsche vê no elogio do "valor do trabalho" a expressão de um medo do que é *individual*, e, portanto, rebelde e potencialmente ameaçador para o rebanho dos *últimos homens*.

> "No fundo, sente-se hoje, à vista do trabalho – visa-se sempre sob esse nome o trabalho duro da manhã até a noite – que um tal trabalho constitui a melhor das polícias, que ele mantém todos sob rédeas e sabe impedir poderosamente o desenvolvimento da razão, dos desejos, do gosto pela independência. Pois ele consome uma quantidade extraordinária de força

nervosa e a subtrai à reflexão, à meditação, ao devaneio, às preocupações, ao amor e ao ódio, ele apresenta constantemente à vista um propósito mesquinho e assegura satisfações fáceis e regulares. Assim, uma sociedade na qual se trabalhe duro permanentemente terá mais segurança: e adora-se hoje a segurança como a divindade suprema" (*Aurora*, III, 173).

Nada de novo sob o sol: já na época de Nietzsche, a supervalorização do trabalho andava de mãos dadas com a obsessão pela segurança. Evidentemente, nós também nos entorpecemos de trabalho. Este é para nós um *divertimento*, porquanto, literalmente, desvia nossa atenção das nossas angústias, dos nossos sonhos, do nosso *caos* interior, tão destrutivo quanto criativo, e que, como tal, funciona como um tranquilizante.

A pequena saúde de uma vida longa e pacífica

A obsessão *doentia* pela saúde – aqui a pequena saúde, não a grande –, a preocupação *sórdida* com a longevidade, assim como a hipocondria também fazem parte dessa concepção higienizada e estéril de felicidade que temos em comum com os *últimos homens*. A duração da vida e a saúde são, em si mesmas, apenas molduras vazias, se não forem preenchidas com a intensidade da própria vida. Ora, é a intensidade que determina a duração, e não o contrário![5] Quando não se sabe o que fazer da própria vida, resta apenas – último consolo – a esperança de que ela seja longa...

> "Querer viver eternamente e não poder morrer é em si mesmo um sinal de senilidade de sentimentos: quanto mais se vive plena e vigorosamente, mais rápido se está disposto a dar a própria vida por uma única sensação boa" (*Humano, demasiado humano*, II, 2, 187 – tradução modificada).

---

5 As vidas de Mozart, Franz Schubert, Georg Büchner, Jim Morrison ou Jimi Hendrix são apenas alguns exemplos dessas vidas extremamente curtas, mas tão intensas que sua ressonância em nosso presente nos permite concluir que elas são na realidade eternas.

São as "boas sensações" que contam na vida. É então lógico que se sacrifique a quantidade, a duração da vida, pela sua qualidade, isto é, a intensidade das sensações que ela pode nos trazer.

A tirania do medo e o encolhimento do homem

Nossas sociedades vivem sob o que Nietzsche chama de uma "tirania do medo". Nossas instituições, nossas leis, nossos preceitos de vida não visam nunca a encorajar o que valeria a pena ser vivido, a promover a intensidade da vida, mas somente a desencorajar ou a impedir o que poderia eventualmente prejudicá-la. Assim, é o medo que nos governa em vez do desejo. Para quê? Querendo eliminar todo risco, toda fonte de sofrimento, também eliminamos qualquer possibilidade de uma intensificação *inesperada* da vida, nós esterilizamos o acaso, nós o amputamos de tudo o que poderia nos incomodar e, *portanto*, nos inspirar, nos acordar, nos fortalecer: a obsessão pela saúde e pela segurança contribui para *encolher* o ser humano.

> "Será que com um plano tão monstruoso de aplainar todas as asperezas e todos os ângulos da vida, não estamos tomando o caminho mais curto para transformar a humanidade em *areia*? Em areia! Uma areia fina, macia, redonda, infinita! (*Aurora*, III, 174).

Colocam-se então as seguintes perguntas: de que temos medo? Do que queremos fugir, o que queremos, a qualquer preço, banir, eliminar? Por que estamos prontos, em nome desse medo, a *reduzir* a vida, a torná-la lisa, previsível, indiferente? Por que estamos prontos, em nome desse medo, a sacrificar ao mesmo tempo os aspectos mais desejáveis, os mais gratificantes da vida? Para responder, devemos nos interrogar sobre o papel do *sofrimento* em nossas vidas.

Questões vitais

1) Será que você sente em sua vida um antagonismo entre o que você *deseja* e o que você *constata*? Se sim, como você reage a essa contradição? Você vive na negação idealista? Ou você dá razão à realidade e se deixa levar pela depressão pessimista? Será que o equilíbrio de forças entre a percepção do desejo e a realidade o paralisa, o exaure, lhe torna impossível toda tomada de decisão? Ou, ao contrário, esse antagonismo o impele a agir de maneira contraditória, desordenada e imprevisível, oscilando entre os dois extremos? Será que você vê outra solução? Se não, o que lhe parece mais desejável?

2) Você tem alguma crença ou se considera um cético? Se você o for, prefere examinar todas as circunstâncias antes de se pronunciar ou você pode admitir que o seu ceticismo enfrenta mais de uma forma de medo e de conforto: o medo de se enganar e o conforto de não ter que se molhar para defender uma ideia?

3) Que reação de sua parte provoca a tomada de consciência de que não existe um sentido global da existência? A resignação ou o gosto pela experimentação? Se a desvalorização dos mais altos valores o leva à resignação, a se entregar a uma leve depressão ou a uma felicidade mesquinha, você é um *niilista passivo*. Se, ao contrário, você aproveita a queda dos valores como uma oportunidade, como uma ocasião para experimentar de maneira lúdica e desiludida novas maneiras de viver, você é um *niilista ativo*.

4) Como você vive a desigualdade entre as pessoas? Será que você tem necessidade de sentir que os seus semelhantes são iguais a você ou a desigualdade é um *estimulante* em sua vida? Ver que alguém teve mais sucesso do que você o aflige, o torna amargurado e triste ou isso inflama as suas próprias ambições? Ver alguém em pior situação do que a sua o enraivece? Você se sente culpado pelo seu próprio sucesso ou você tem vontade de ajudar essa pessoa a se levantar, dando, você mesmo, o exemplo?

5) Você vê a felicidade como um resultado ou como um consolo? Ela é a recompensa pelos riscos na busca dos seus objetivos ou o consolo pelos fracassos que você sofreu? Para ser feliz, será preciso, então, segundo você, sobretudo evitar o infortúnio ou expor-se ao maior número possível de experiências, inclusive aquelas que podem torná-lo infeliz?

6) Você aspira a uma vida longa e pacífica, correndo o risco de que ela seja monótona, ou a uma vida curta e intensa? Como essa distinção determina suas escolhas de vida?

7) Que significado você confere ao trabalho em sua vida? Trata-se de um estimulante ou de um tranquilizante? Você trabalha sobretudo para mudar de ideia, para evitar pensar em certas coisas?

Quando a falta de sentido faz sofrer

A felicidade niilista consiste em banir toda fonte potencial de sofrimento ou desorientação, ao ponto de empobrecer consideravelmente as experiências e possibilidades que se abrem a nós. Nada de mais saudável, nada de mais normal do que fugir do sofrimento e buscar o prazer. Todo ser vivo se comporta assim. Essa evitação espontânea do sofrimento tornou-se mesmo, na maioria das situações, um automatismo no qual já não pensamos. Mas será que essa tendência natural a evitar o sofrimento autoriza-nos a condená-lo como o mal absoluto? Nada é menos certo.

Por que somos tão alérgicos ao sofrimento?

É paradoxalmente nas nossas sociedades modernas, onde conseguimos, graças à medicina e ao abrandamento geral dos costumes, reduzir a quota de dor física real, que somos, no entanto, mais alérgicos ao sofrimento e às doenças que em outras épocas teríamos considerado imaginárias. Quanto menos sofremos, mais sensíveis nos tornamos, e, portanto, mais temos *a impressão* de sofrer.

> "*Nossa* condição: nosso bem-estar econômico faz crescer a sensibilidade; nós sofremos dos mais diminutos sofrimentos; nosso corpo está mais bem protegido, nossa alma mais doente" (*Fragmento póstumo de 1886-1887*, 7 [7]).

Essa vontade de expulsar o sofrimento induz hoje um efeito paradoxal e inesperado que Nietzsche não havia considerado:

cada vez mais pessoas impõem a elas mesmas dores gratuitas e absurdas. Certas pessoas, por exemplo, se mutilam, praticam escarificações, gostam de se marcar em sua carne. Talvez tenhamos esterilizado tanto a vida que, para alguns, a única possibilidade de sentir a intensidade da existência é infligir-se dores voluntárias. Como se precisássemos de uma ferida para nos engancharmos ao nosso corpo e para enganchar esse corpo ao mundo, a um objeto qualquer – uma lâmina, uma agulha, um piercing. Perante essa vingança tortuosa da dor, põe-se a questão do papel do sofrimento. Será verdadeiramente possível eliminá-lo de nossa vida?

Somente os esgotados temem o sofrimento

O julgamento de Nietzsche é aqui inapelável: só um homem doente tem como principal objetivo nunca mais sofrer. A obsessão pela dor – e, portanto, pelo seu oposto, o prazer – é peculiar aos sofredores crônicos. É um sinal do esgotamento, do cansaço de quem já não tem força suficiente para enfrentar o sofrimento. A saúde, por sua vez, vê o sofrimento como um *estimulante*, um incentivo a se tornar mais forte, um inimigo que nos faz gozar da ideia de superá-lo.

> "Os homens corajosos e criativos *nunca* tomam o prazer e a dor por questões últimas de valor – são estados de acompanhamento, é preciso *querer* os dois se se quiser *conseguir* o que quer que seja. – Algo de cansado e doentio se exprime entre os metafísicos e os religiosos quando veem em primeiro plano os problemas do prazer e do sofrimento" (*Fragmento póstumo do verão de 1887*, 8 [2]).

Devemos, portanto, aceitar o sofrimento como um ingrediente necessário e talvez essencial da vida. Isso não quer dizer que se deva buscá-lo deliberadamente – nada seria mais contrário ao espírito do nietzscheanismo –, mas não se trata de evitá-lo a todo custo. No nível mais elementar, a dor é um indicador, um sinal de alerta essencial para a nossa conduta e para a conservação da espécie. Nenhuma experiência, nenhum aprendizado é possível sem ela. Assim como o prazer, ela é um guia para nossas ações. É nesse sentido que há "tanta sabedoria na dor quanto no prazer" (*A gaia ciência*, IV, 318).

Não podemos arriscar o prazer sem arriscar a dor

A dor talvez não seja necessária somente para a sobrevivência, mas também para a experiência do próprio prazer. Se descobrirmos que ambos estão necessariamente ligados, diminuir um não implica diminuir o outro? Será que podemos sentir prazer sem experimentar, ou pelo menos arriscar, a dor? Nietzsche é categórico, ambos são indissociáveis.

> "E se prazer e desprazer estivessem ligados por um vínculo tal que aquele que *queira* ter o máximo possível de um *deva* também ter o máximo possível do outro – que aquele que queira aprender a 'alegria que eleva aos céus' deva também estar pronto para uma 'tristeza mortal'?" (*A gaia ciência*, I, 12).

Teremos então a escolha: ou reduzimos a dor tanto quanto possível, mas reduziremos igualmente o prazer, ou aceitamos o aumento da "dor como o preço a pagar pelo crescimento de uma plenitude de prazeres e de alegrias refinados e nunca antes experimentados" (*A gaia ciência*, I, 12).

Por que prazer e dor, alegria e tristeza estão amarrados? Em um nível trivial, cada ocasião de prazer é também uma causa de dor em potencial. Render-se a uma grande história de amor significa estar pronto para enfrentar uma grande tristeza de amor: ambas são indissociáveis. Toda felicidade, todo prazer comporta, portanto, o risco do seu contrário. Reduzir o âmbito das próprias experiências àquelas nas quais se está seguro de não encontrar infortúnios – seguro de não ser decepcionado, magoado, abandonado, traído –, é, portanto, reduzir o âmbito dos próprios prazeres e felicidades possíveis.

Em um nível mais profundo, o que está em jogo é nossa sensibilidade, nossa capacidade de experimentar sensações, sejam elas aprazíveis ou dolorosas. Pode ser que a nossa faculdade de sentir alegria esteja estreitamente vinculada à nossa faculdade de sentir dor. Ambas seriam apenas uma. Seria, portanto, necessário conhecer profundos sofrimentos para se conhecer profundos prazeres. Aquele que nunca sofreu terá apenas alegrias superficiais. A dor nos aprofunda, ela nos ensina a conhecermos nossos recursos íntimos e nos torna mais receptivos ao seu oposto. A alegria daquele que sofreu é uma alegria mais rica, mais colorida, ela ganhou em definição, em nuanças e em dimensão.

> "O homem superior torna-se, sem cessar, ao mesmo tempo mais feliz e mais infeliz" (*A gaia ciência*, IV, 301).

A aptidão para sofrer é assim não somente um índice da nossa aptidão para sermos felizes, mas também um índice do nosso valor como seres humanos. Por um lado, o sofrimento nos deu a experiência, a profundidade e uma compreensão de nós mesmos e da vida. É uma prova da extensão da nossa sensibilidade. Por outro lado, a capacidade de sofrer é um sinal da nossa *coragem* e, portanto, da nossa força. Será que estamos dispostos a sacrificar uma parte do nosso bem-estar para experimentar uma felicidade maior?

Prazer e dor, os dois lados da mesma moeda

É possível que a dor seja não somente uma condição e uma consequência inevitável do prazer, mas uma parte integral do próprio prazer. Não é ser masoquista reconhecer que existem prazeres nos quais se mistura uma parte de dor: um prato apimentado, um filme de suspense, uma música dissonante. Paradoxalmente, são os nossos prazeres mais intensos que envolvem mais dor, como se a dor servisse para intensificar o prazer. Nietzsche formula a hipótese de que o prazer talvez seja apenas um certo *ritmo*, um certo vaivém, uma certa oscilação da dor. Com efeito, se o prazer consiste no relaxamento de uma tensão, ele pressupõe, portanto, o aumento dessa tensão, que tem talvez sempre algo de doloroso. Antes da invenção dos teleféricos, era necessário sofrer subindo o declive e sentir o prazer de descer escorregando... Mas nada ilustra melhor essa ideia do que o prazer sexual.

"Há mesmo casos nos quais uma espécie de prazer depende de uma certa *sequência rítmica* de pequenas excitações dolorosas: é assim que um crescimento muito rápido da sensação de poder e prazer é alcançado. Este é, por exemplo, o caso das cócegas, assim como das cócegas sexuais do coito; vemos aí a dor agindo como um ingrediente do prazer. Parece que uma pequena inibição é superada, imediatamente seguida por uma outra inibição, por sua vez superada imediatamente – é este jogo de resistência e de vitória que excita mais vigorosamente o sentimento global de poder excedente e supérfluo que constitui a essência do prazer" (*Fragmento póstumo de 1888*, 14 [173]).

Há momentos nos quais o prazer sexual é tão intenso, que já não se o pode distinguir da dor. Mais exatamente, a sua intensidade é tão forte, que o nosso corpo tem a impressão de já não o poder suportar, de já não lhe ser forte o bastante, o que o faz parecer uma dor. Tudo leva a pensar que a intensidade, enquanto tal, é uma forma de sofrimento. Nesse caso, a frigidez poderia ser equiparada ao medo do prazer por medo da dor. E, mais uma vez, nossa capacidade de experimentar o prazer é condicionada pela nossa capacidade de suportar a dor.

O homem aceita sofrer se ele vir nisso um sentido

Em certas situações, o homem busca deliberadamente o sofrimento. É o caso dos treinamentos esportivos rigorosos, dos exercícios espirituais, como o jejum, ou mesmo das verdadeiras torturas que se infligem os hindus durante o festival indiano de Thaipusam. Trespassa-se a carne de flechas e de ganchos e anda-se sobre brasas. Em todos esses casos, o homem aceita o sofrimento porque acredita ver nele um *sentido*. O problema não é, portanto, o sofrimento em si mesmo, mas a questão do *sentido* do sofrimento: o ser humano sofre da *ausência de sentido* enquanto tal.

"[...] Seu problema *não* era o sofrimento, mas antes que não houve resposta ao seu grito: '*Por que* o sofrimento?' O homem, o animal mais valente e o mais empedernido para o sofrimento, *não* recusa em si mesmo o sofrimento, ele o *quer*, ele o busca mesmo, desde que lhe mostrem o *sentido*, um porquê do sofrimento" (*A genealogia da moral*, III, 28).

O niilismo – a constatação da ausência de sentido da vida – não é, portanto, um fenômeno recente, a simples consequência do declínio das religiões ou das ideologias. É, na verdade, o "estado normal" do homem, a doença originária pela qual foi acometido. Os animais têm instintos que determinam para eles ações precisas e, portanto, um objetivo global da existência sobre o qual não têm que refletir. A força do ser humano é precisamente poder escolher ele mesmo esse objetivo, mas essa força se torna também a sua maior fraqueza e seu maior sofrimento.

Ele busca uma finalidade, uma *intenção* da natureza que lhe ditaria o que deve fazer. Por conseguinte, quando ele percebe que suas ações não levam a uma melhora de sua condição, ele fica decepcionado, até mesmo desesperado. Ou então ele se imagina a serviço de um princípio superior e se devota a uma causa universal. No entanto, ele ficará igualmente desencorajado ao descobrir que não existe um plano geral ao qual se submeter. Com efeito, o mundo é um *devir*, uma evolução perpétua que, entretanto, não vai a lugar algum, jamais atinge um termo, não responde a nenhuma ordem preestabelecida, porque senão cessaria de... *devir*.

É por despeito que se inventam trasmundos

É então que surge a terceira encarnação do niilismo: a invenção de um trasmundo, de um além imaginário onde, enfim, a vida teria um sentido, e o mundo, uma organização.

> "Dadas essas duas *verdades*, a saber, que não se atinge nenhuma meta através do devir e que não existe nenhuma grande unidade que permitiria ao indivíduo mergulhar completamente, como em um elemento de supremo valor: somente resta como *escapatória* condenar integralmente este mundo do devir como uma ilusão e inventar um mundo que se encontraria além deste e que seria o mundo *verdadeiro*" (*Fragmento póstumo de 1887-1888*, 11 [99]).

O trasmundo da metafísica e da religião – o céu das ideias platônicas e o paraíso cristão – como o pós-mundo das utopias políticas – a sociedade sem classe na qual se resolveriam todos os conflitos sociais, ou o mercado transparente, livre e concorrencial, que garantiria a todos uma prosperidade infinita – são ideais que servem de paliativos para mascarar a absurdidade primeira que o humano sente perante a vida. Por que devemos fabricar um mundo irreal para nos consolar da realidade? Como chega-se a venerar o que não existe, porque não encontramos sentido no que existe? Para dizê-lo com as palavras de Nietzsche:

> "O homem prefere antes querer o *nada* do que *não* querer nada" (*A genealogia da moral*, III, 28).

A verdadeira doença humana, a verdadeira causa do niilismo é uma doença da *vontade*. Se quisermos usar uma linguagem mais moderna, seria preciso falar de uma doença da *criatividade*. Por que, com efeito, o homem deveria encontrar um sentido pré-fabricado, pré-embalado, pronto para uso? Não é o papel do humano dar ele mesmo um sentido à *sua* existência, impor os *seus* objetivos, organizar a *sua* ordem?

> "Uma medida da *força da vontade* se situa no grau em que somos capazes de prescindir de um *sentido das coisas*, o grau no qual suportamos viver em um mundo insano, *porque lhe organizamos, nós mesmos, uma pequena parte*" (*Fragmento póstumo de 1887*, 9 [60]).

Vimos que o *ceticismo* – a recusa a aderir a uma ideia e a defendê-la – era um sinal de fraqueza. Vemos agora o que parece ser o seu contrário, a necessidade de certezas prontas, como um outro sinal de fraqueza. Não há, no entanto, contradição. Em ambos os casos, trata-se da incapacidade de *a própria pessoa criar sentido* e ater-se a ele.

O fanatismo, essa droga das vontades fracas

Perante essa fraqueza da vontade, o ser humano está disposto a acreditar nas fabulações mais delirantes – da astrologia às teorias da conspiração – ou a se deixar enevoar pelas manipulações mais perversas – o mito de um "pecado original" que explicaria o sofrimento humano ou o texto falsificado de *Os protocolos dos sábios de Sião*, que estaria na origem de uma conspiração mundial. Do mesmo modo, o homem não hesita em se deixar intimidar, tiranizar, torturar por qualquer disciplina embrutecedora – o trabalho, a guerra, a doutrinação sectária – desde que ela lhe obtenha a miragem de um sentido, de um propósito ao qual se entregar inteiramente. Muitos estão dispostos a fazer qualquer coisa para escapar do caráter insano da existência.

> "Já vi casos nos quais rapazes de origem respeitável, que durante muito tempo não souberam conferir um propósito à sua vida, desaparecem enfim em movimentos francamente desonestos – só porque lhes oferecem um propósito... Alguns, por exemplo, se tornam mesmo antissemitas..." (*Fragmento póstumo de 1888*, 22 [11]).

Assim, o *fanatismo* é o irmão gêmeo do ceticismo, um remédio falso perverso e mortífero contra a ausência de certezas, uma reação defensiva contra o contrassenso da vida. É o sintoma mais patológico da fraqueza da vontade. O fanatismo aparece como uma forma de droga cuja única função é nos fazer esquecer da nossa incerteza primeira.

> "O fanatismo é de fato a única 'força de vontade' à qual podem ser trazidos tanto os fracos como os incertos, na medida em que é uma espécie de hipnotização do conjunto do sistema sensível-intelectual em proveito da alimentação superabundante (hipertrofia) de uma única maneira de ver e de sentir que doravante domina – o cristão a chama de sua fé" (*A gaia ciência*], V, 347).

Será que somos capazes de nos propor os nossos próprios objetivos? De inventar os nossos próprios ideais? De criarmos, nós mesmos, o sentido da nossa existência? Ou será que somos fracos e submissos a ponto de sermos obrigados a esperar que nos ditem um sentido pronto ao qual obedecer?

Questões vitais

1) Por que você busca a felicidade? Para fugir de estados muito bem conhecidos, estados dolorosos? Ou para descobrir um estado e sensações que você ainda não conheceu? E o que você estaria pronto para suportar, para sacrificar, a fim de conhecer esses estados de felicidade?

2) Como você concebe a sua felicidade? Como a ausência de aborrecimentos, de tédio, de dores, de sofrimento, ou como uma plenitude, uma intensidade da qual também fazem parte os traços da infelicidade?

3) Será que você já recuou perante uma experiência que poderia lhe trazer felicidade ou prazer por medo do sofrimento que ela poderia praticar? Você se arrependeu em seguida?

4) Alguma vez lhe aconteceu de se machucar deliberadamente, de sofrer no intuito de sofrer? Como você explica isso? Será que você precisou do sofrimento para dar um sentido à sua vida?

5) Será que você precisa acreditar em um propósito da existência, que confira sentido às suas ações, que lhe indique uma direção? Ou você pode conceber viver sem um propósito preexistente, inventando a sua vida cotidiana, eventualmente inventando o seu próprio propósito?

6) Será que você precisa se sentir parte de uma ordem que o ultrapasse, de uma totalidade que lhe atribua algum lugar bem definido na vida? Você tem então a impressão de trabalhar com os outros por um bem comum, de ser apenas o pequeno elo de uma cadeia que realiza alguma coisa universal? Mas, e se este não for o caso, e se não houver uma ordem universal, mas apenas uma mixórdia caótica de indivíduos, e você totalmente sozinho, deva dar sentido à sua vida? Essa ideia o assusta?

7) Será que você já perseguiu fanaticamente uma ideia, uma causa, um amor ou uma fé? O que motivou esse fanatismo: uma paixão real pelo seu objeto, ou uma fuga perante um nada, ou uma incerteza que você enfrenta e da qual não quer tomar consciência?

II

As chaves
para
compreender

Desintoxicar-se da moral

A vontade de potência ou a perspectiva da vida

Será que a vida tem algum sentido? Essa questão pode nos soar profunda, como pode nos soar oca, vã e gasta. Nós nos deixamos torturar por ela até o esgotamento e o desgosto, e cremos, às vezes, encontrar essa resposta: a vida não tem sentido, não vale a pena vivê-la. A onipresença do sofrimento e a ausência de um propósito identificável como de uma ordem superior seriam provas suficientes.

A vida não pode ser avaliada

Antes mesmo de pensar em uma resposta para a pergunta "Será que a vida tem algum sentido?", já podemos nos interrogar sobre o *sentido* da própria questão. Será que somos realmente capazes de nos colocarmos essa questão? Na realidade, a questão do sentido da vida é ela mesma desprovida de sentido: não é a vida que é absurda, mas o questionamento sobre o seu sentido. Com efeito, determinar o sentido de uma coisa ou medir seu valor pressuporia um *padrão* que nos permitisse medir esse valor ou esse sentido. Mas onde encontraríamos esse padrão? Se ele se encontra no *interior* da vida, então pressupomos um valor para ela, porquanto o padrão faz parte dela. Quererá isso dizer que seria preciso encontrar esse padrão *fora* da vida? Isso nos é impossível:

seria preciso então *estar morto para julgar o valor da vida*. Nietzsche escreve então:

> *"O valor da vida não pode ser avaliado.* Não por um vivo, porque ele é parte, e mesmo objeto de litígio; tampouco por um morto, por uma razão totalmente diferente" (*O crepúsculo dos ídolos.* "O problema de Sócrates", 2).

Como nós estamos *na* vida, a questão do seu valor nos é inacessível, porque seria necessário deixá-la para poder julgá-la. No entanto, não podemos nos impedir de avaliar, de conferir sentido, de apreciar e de depreciar, de *interpretar.* Aquele mesmo que questiona o sentido da vida está criando um valor, um valor negativo. Ele está criando um sentido: ele decreta que o não sentido *é* o sentido da vida!

O mundo é caos

É verdade, no entanto, que não conseguimos encontrar um sentido *global* no mundo. Não há nele nem ordem nem finalidade, o que não é a mesma coisa que dizer que ele não tem nem valor nem sentido. O mundo é essencialmente *caos*.

> "O caráter geral do mundo é, ao contrário de toda eternidade, caos, não no sentido da ausência de necessidade, mas, ao contrário, no sentido da ausência de ordem, de articulação, de forma, de beleza, de sabedoria e de todos os nossos antropomorfismos estéticos, qualquer que seja o nome que lhe demos. A julgar do ponto de vista de nossa razão, são os golpes infelizes que constituem a regra, as exceções não são o objetivo secreto e todo o carrilhão repete eternamente seu ar, que não merece jamais ser qualificado como uma melodia" (*A gaia ciência*, III, 109).

O texto de Nietzsche mostra a que ponto é difícil sair da perspectiva vital para descrever a realidade. Cada uma de nossas palavras é um antropomorfismo; por outras palavras, uma representação que humaniza o universo e que o descreve em função das *nossas* necessidades e dos *nossos* valores. Mesmo a palavra *caos* é talvez um antropomorfismo se implica, ao contrário, uma ordem que acreditamos ver na realidade bruta e que teria sido instaurada por nós. Se olharmos com neutralidade o que se passa na realidade – no mundo humano, animal, vegetal, e até mesmo no mundo inorgânico e no universo –, o que podemos observar? Vemos torrentes de água abrindo caminho através da terra, escavando a rocha durante séculos para fluir mais livremente. Vemos cupins mordiscando árvores durante décadas até abaterem em um dia um carvalho centenário. Vemos aranhas tecerem suas teias, a hera invadir uma parede, uma empresa adquirir suas concorrentes, um predador comer suas presas, buracos negros engolfando planetas, um planeta arrastar satélites em sua órbita. Nenhuma ordem, nenhuma lei parece reinar neste espetáculo onde forças se confrontam, se incorporam, se destroem às vezes, ou se aliam.

Cada elemento que compõe este mundo, cada unidade humana, animal, vegetal e talvez material tem, no entanto, seu sentido, e é sempre o mesmo: crescer, aumentar, expandir-se, intensificar-se, fortalecer-se. Para este objetivo universal e inevitável de todas as coisas, Nietzsche deu um nome, que o tornou célebre pelas razões erradas: *a vontade de potência*.

> "Mas *o que é a vida*? Sobre este ponto, uma nova versão mais determinada do conceito de 'vida' é, portanto, necessária: a este respeito, minha fórmula se chama: a vida é vontade de potência" (*Fragmento póstumo de 1885-1886*, 2 [190]).

A vida quer mais do que viver

A vida *não é* simples vontade de viver. Não podemos querer sem já estarmos vivos, por que quereríamos o que já temos? A vida tampouco é uma simples luta pela *sobrevivência*. Nenhum ser se satisfaz em simplesmente *sobreviver*. O mundo natural seria infinitamente mais pobre se esse fosse o caso. Nós não nos contentamos em ser, queremos ser *mais*. Basta observar um gato não somente defender seu território, mas expandi-lo após cada vitória, e até mesmo querer conquistar espaços tão distantes de seu domínio, que ele será necessariamente derrotado, e da maneira mais brutal. Basta também ver certos homens de negócios que começaram do zero, e que, tendo se tornado multimilionários pela via legal, ainda são tentados pela ilegalidade e acabam na prisão. Esses exemplos mostram que a *sobrevivência* é tampouco nosso objetivo que, para aumentar nossa potência, estamos dispostos a colocá-la em perigo, a sacrificá-la por um ganho puramente hipotético. Na realidade, é somente em situações de extrema fraqueza que procuramos apenas sobreviver.

A violência extrema que a vontade de potência *pode* empregar para alcançar os seus fins – mas esses meios não são necessariamente violentos, é quando a potência está mais fraca que ela é mais brutal – é tanto mais chocante, que o objetivo parece gratuito, quase irracional: não sobreviver, mas tornar-se mais potente. A vida não é nem econômica nem calculista, ela dilapida suas forças no excesso do "sempre mais". Basta olhar para essas plantas que morrem rápido demais porque crescem prematuramente e alto demais.

Lutar contra a potência também é afirmar a própria potência

Podemos condenar a imoralidade dessa luta sem fim que é a vida e achar absurda essa busca incessante da potência. Podemos mesmo considerar que a vocação do homem seja pôr fim a essa luta sem sentido, encontrar a paz, tanto a interior quanto a exterior, e renunciar à potência. No entanto, a luta contra a luta ainda é uma luta. Quando condenamos a vontade de potência, é ainda a nossa vontade de potência que condena. E ela aí encontra satisfação, porquanto aumentamos nossa potência como "autoridade moral", como "juiz da humanidade", como "militante pela harmonia e pelo aprimoramento do ser humano". O asceta que se retira na floresta como eremita é motivado pela sua vontade de potência: a potência da autonomia e o poder sobre o seu corpo. O cientista que renuncia aos jogos de poder políticos e às transações econômicas ainda busca a potência ao submeter a natureza à *sua* compreensão e à *sua* teoria. Pelo seu intelecto, ele se torna mestre dos átomos e da órbita dos planetas, o que é ainda mais grandioso do que dirigir uma empresa ou um partido político.

Vemos por que é inútil se perguntar se é preciso incentivar ou combater essa vontade de potência. Não podemos escapar dela. *Somos* vontade de potência, ou antes, todo um feixe de vontades que lutam pelo poder no próprio seio da nossa pessoa. São nossos instintos, nossos valores, nossas pulsões, nossas ideias, nossos hábitos que querem dominar os outros. Se conseguimos nos opor à nossa vontade de potência, é somente por uma vontade de potência ainda mais forte que avança mascarada, como aquela do moralista, do filósofo ou do asceta.

É a nossa vontade de potência que nos impele a nos submetermos

Eis por que os comportamentos que parecem os mais contrários à vontade de potência são ainda suas ilustrações, por vezes extremas. Submeter-se a uma autoridade é aparentemente o contrário da vontade de dominar os outros. No entanto, obedecendo, participa-se da potência dominante, torna-se, de certa maneira, o *parasita*. Aproveitamos essa força que nos é superior para submetermos o que é mais fraco do que nós.

> "Onde encontrei seres vivos, encontrei vontade de potência; e mesmo na vontade do servo encontrei a vontade de se tornar senhor.
>
> Que o que é mais fraco sirva ao que é mais forte, o que a tanto o persuade é a sua vontade de ser, por sua vez, o senhor do que é mais fraco ainda: é o único prazer ao qual não quer renunciar.
>
> E tal como o que há de menor se abandona ao que é maior para que ele tenha prazer e potência no que há de menor: do mesmo modo o que é maior se abandona e põe sua vida em

jogo pela potência" ([Assim falava Zaratustra], II. "Da superação de si").

Cada soldado de um exército e cada funcionário de uma empresa – superior ou não – sabe que a submissão total lhe permite participar por procuração da dominação absoluta. O *sacrifício* também parece contrário à vontade de potência. Todavia, sacrificar-se por uma ideia ou uma causa equivale a encarnar para si só a potência dessa ideia ou dessa causa. Nenhuma teoria da autopreservação poderia explicar por que homens jovens promissores se tornam voluntariamente bombas ambulantes. Na realidade, ao se explodirem em plena rua ou em pleno voo e matarem várias dezenas de pessoas, eles atingem na morte uma potência que nunca poderiam conhecer na vida. A moral do sacrifício pode assumir formas muito mais moderadas e pacíficas do que o martírio, como a abnegação no trabalho, a ação social de caridade ou a renúncia a uma herança, como o fez o filósofo Wittgenstein. Nietzsche a descreve assim:

> "Pois, sacrificando-se com entusiasmo e imolando-se, você goza da embriaguez proporcionada pelo pensamento de tornar-se um, doravante, com o poderoso, seja deus ou homem, a quem você se consagra: você está inebriado pelo sentimento de sua potência que acaba de ser confirmado por um novo sacrifício. Na verdade, você se sacrifica somente na aparência, porque pelo pensamento você se metamorfoseia antes em deuses, e você goza de si mesmo como se você fosse deuses" (*Aurora*, IV, 215).

O valor da vida se situa na potência

Admitamos que a vontade de potência seja a vida mesma – nas suas piores como nas suas melhores manifestações. Se existe um valor da vida, ele deve então situar-se no movimento mesmo da vida que é a potência. Em um de seus últimos textos, *O anticristo*, Nietzsche recapitula de uma maneira absolutamente clara:

> "O que é bom? – Tudo o que eleva no homem a sensação de potência, a vontade de potência, a potência mesma.

O que é mau? – Tudo o que provém da fraqueza.

O que é a felicidade? – A sensação de que a força *cresce*, de que uma resistência é superada" (*O anticristo*, 2).

A vida não é, portanto, isenta de valor. Este não se encontra fora da vida, em uma ordem global do universo, em um propósito para o qual tudo conspira, uma providência, um sentido oculto de todas as coisas. Encontra-se em cada ato, cada gesto, cada movimento, em outras palavras, no grau de potência que atingimos, no sentido de potência que experimentamos. Compreendemos, portanto, por que a dor e o prazer, a infelicidade e a felicidade são apenas *epifenômenos*, efeitos colaterais. Sentimos prazer quando a nossa potência aumenta – após termos superado uma resistência – e dor quando nossa potência diminui –, sucumbindo a uma resistência.

A vontade de potência é generosidade criativa

Se o valor imanente à vida é o sentimento de potência, esse valor pode nos parecer absurdo, porque puramente mecânico e quantitativo. Por que esta corrida desenfreada em direção ao sempre mais? Seríamos como os animais, determinados por um puro instinto? O crescimento como único objetivo não se reveste por si só de uma significância suficiente. É esquecer, no entanto, o segundo aspecto da vontade de potência: o aumento de potência também consiste em uma *organização*, uma *formatação*. Ela é *construção de uma certa ordem* no caos que é o mundo. Em outras palavras, impor sua potência sobre as coisas é lhes *conferir um sentido*.

É por isso que a vontade de potência não pode ser mera brutalidade. A violência, assim como a opressão, é um sintoma de fraqueza e não de força. Um poder que tem necessidade de oprimir seus súditos é um poder que não tem autoridade legítima suficiente para se fazer obedecer, e quanto mais oprimir, mais fraco se tornará, porquanto destrói a base que o sustenta. É porque falta-nos potência que queremos açambarcar ou destruir a dos outros.

Ao contrário, a vontade de potência, no sentido nietzscheano, é uma superabundância de força que se tem necessidade de externar. É um excedente que é preciso transmitir aos outros. Dar sentido graças à potência é, portanto, pura e simplesmente dar. Um compositor que conduz uma orquestra sinfônica lhe *dá* sua obra, seu ritmo e sua melodia. Sem ele, os músicos não saberiam nem o que tocar nem como ajustarem-se uns aos outros. A dominação do maestro sobre a orquestra repousa apenas no *dom* que ele lhe faz. Um chefe de empresa comanda seus funcionários, porque ele lhes deu uma meta coletiva, e, sem a sua vontade de empreender, eles estariam talvez desempregados. Nietzsche chama, portanto, a vontade de potência de a "virtude do dom".

> "Apetite de dominação: entretanto, quem chamaria de doença uma tal necessidade que leva aquele que é alto a aspirar, em baixo, à potência? Não há nada de doentio, nada de mórbido em uma tal aspiração, em uma tal descida!
>
> "Que a altura solitária não seja eternamente condenada à solidão e não se contente eternamente consigo mesma; que a montanha desça ao vale e que os ventos dos cumes desçam aos submundos" (*Assim falava Zaratustra*, III. "Dos três males", 2)

Quando uma autêntica vontade de potência se manifesta, é sempre para dar um pouco de si mesma ao que está mais baixo ou mais fraco. Assim, comandar é dar e obedecer, é receber: a vontade de potência se encontra muito mais entre os criadores do que entre os ditadores.

Afirmar a própria potência é criar sentido

A primeira maneira de tomar posse de uma coisa, de se lhe tornar o senhor, é encontrar-lhe uma utilidade, imprimir-lhe uma função, criar para ela uma compreensão relativa à nossa vontade. A vontade de potência é sempre uma *interpretação* da realidade.

"A vontade de potência *interpreta*: na formação de um órgão trata-se de uma interpretação, ela delimita, determina graus e diferenças de potência. [...] Na verdade, *a interpretação é em si mesma um meio para se tornar senhor de alguma coisa*" (*Fragmento póstumo de 1885*, 2 [148]).

Esse processo não se limita aos seres humanos em sua dimensão psíquica. Os órgãos também são interpretações que dispõem as células de maneira a servirem às necessidades do corpo. Do mesmo modo, a hera que invade a parede *interpreta* esta superfície como um meio de captar a luz do sol e de se desenvolver; a torrente que escava a rocha a interpreta, lhe confere um novo sentido, dispondo-a de maneira a servir de bacia hidrográfica. Não podemos, portanto, separar conhecimento e ação, teoria e prática: o conhecimento se faz sempre na perspectiva da vida. É sempre uma pulsão, um desejo, uma necessidade que nos impele a conhecer esta ou aquela coisa, a ver nelas certos traços e a esquecer de os outros, a enfatizar um detalhe e minimizar outro. Eis por quê:

"Não há fatos, mas somente interpretações" (*Fragmento póstumo de 1887*, 7 [60]).

Poder-se-ia objetar que por detrás das nossas interpretações certamente deve haver uma realidade que se constitui seu objeto. No entanto, Nietzsche afirma que os fatos são, *eles próprios*, interpretações de outros fatos. Tudo passa pelo prisma da nossa visão e do nosso cérebro. Tudo também passa pela intenção própria de cada elemento da natureza para fazer o seu caminho de desenvolvimento.

Os mil e um textos da realidade

O mundo não é, portanto, desprovido de sentido, longe disso. O universo formiga de uma infinidade de sentidos. Se cada ser interpreta a realidade a partir de sua própria perspectiva, há uma multitude de interpretações do mundo, da mais estreita à mais ampla. Assim, um "novo infinito" se nos abre: o abismo da multiplicidade de sentido que gera a vida.

"O mundo se nos tornou antes, uma vez mais, 'infinito': na medida em que não podemos afastar a possibilidade de que ele *encerre em si interpretações infinitas*" (*A gaia ciência*, V, 374).

Aprender que "a verdade não existe", que "o mundo é falso" é motivo suficiente para se desesperar. Assim acontece com o niilista, decepcionado com a ausência de uma verdade universal, acreditando-se condenado a uma visão mesquinha. Mas Nietzsche vê nessa proliferação labiríntica de perspectivas uma verdadeira promessa. Nós justamente *não* somos os prisioneiros de um sentido único da vida, tal como aquele que o pessimismo ou o niilismo cristão gostariam de nos prescrever. E podemos, aumentando nossa potência, *ampliar* nossa ótica sobre a vida, criar novos sentidos, mais elevados, mais ricos e mais matizados. Eis por que Zaratustra exclama que "querer liberta": a vontade, na medida em que é sempre uma interpretação criativa de sentido, nos liberta do niilismo, da espera cansativa por um sentido que nunca chega, do refrão ofegante do "tudo é em vão".

Questões vitais

1) Será que você já se perguntou se a vida faz sentido? O que o impele se colocar essa questão? Na sua opinião, o que deveria mensurar o sentido da vida, ser o padrão do seu valor?

2) Quais experiências lhe dão um sentimento de potência? Tente descrever essa sensação. É um sentimento de calma, de segurança ou, ao contrário, um sentimento de excitação, de embriaguez? Será que você sente mais sua potência dominando as coisas ou os outros, ou dominando a si mesmo?

3) Será que você se sente confortável em situações nas quais você deve dar ordens, dirigir ou liderar outras pessoas? Será que você tem então a impressão de simplesmente utilizar – ou até mesmo abusar – do seu poder, ou, ao contrário, de dar, de transmitir alguma coisa pelas suas ordens? Se você se sente desconfortável com o poder, será que você pode adotar como regra somente dar alguma ordem se ela for, ao mesmo tempo, um dom, a transmissão de alguma coisa preciosa para aquele que obedece?

4) Do mesmo modo, será que você se sente desconfortável quando deve obedecer, receber ordens? Será que você pode distinguir as ordens que são um dom real, as quais o enriquecem e o fortalecem, e as ordens que são apenas as gesticulações de um poder arbitrário?

5) Talvez você seja contra o exercício do poder e as demonstrações de potência. Mas será que você pode detectar uma vontade de potência nos comportamentos que lhes parecem mais contrários: a abnegação, a renúncia, a submissão, o pensamento desinteressado? Em cada um dos seus comportamentos e atitudes, será que você pode adivinhar qual é a potência que você procura consolidar?

6) A vontade de potência interpreta o mundo: tente descobrir em que os domínios nos quais você sente mais sua potência determinam os seus juízos de valor sobre as coisas, em que seus sentimentos de potência e de impotência decidem sua perspectiva da vida.

7) Será que você está consciente de que sua visão do mundo é apenas sua interpretação, sua perspectiva vital determinada pelas suas necessidades, fraquezas e forças? Será que você pode imaginar outras perspectivas, talvez radicalmente diferentes da sua? Tente adivinhar de quais necessidades, forças e fraquezas derivam as visões de mundo, valores e ideais que lhe parecem os mais remotos e os mais hostis aos seus.

Como a moral virou o mundo do avesso

A hipótese da vontade de potência oferece a Nietzsche um método – que ele chama de *genealogia* – para descobrir as motivações profundas de uma visão de mundo: de uma filosofia, de uma moral, de uma religião ou de um ideal político. Sabemos agora que cada juízo de valor é uma *perspectiva*, uma interpretação da realidade em função de certas necessidades, de certos instintos, de uma vontade de ampliar e de consolidar sua potência. Nenhuma ideia é, portanto, desinteressada, toda teoria tem uma razão de ser *prática* que consiste em justificar a existência e a maneira de viver de quem a proclama.

Mas se atrás de todo pensamento há a vida, se a filosofia, a moral e a religião são apenas, em última instância, a defesa de um certo tipo de vida, como é possível que existam pensamentos *hostis* à vida, filosofias ou religiões declarando guerra contra tudo o que está vivo, contra o que intensifica e enriquece a vida? Como a vida pode negar a vida?

Encontramos o problema na filosofia pessimista de Schopenhauer, que só vê salvação na "negação da vontade de viver". Todavia, os sintomas mais comuns e os mais fatais de uma tal negação da vida se encontram, certamente, nas grandes religiões e, especialmente, no culto da morte e do ódio que é, aos olhos de Nietzsche, o *cristianismo*.

Cristianismo, o culto da morte

Como uma religião que se pretende "religião do amor" pode escolher como símbolo um instrumento de assassinato e tortura, o crucifixo? Nós nos surpreenderíamos de ver pessoas de mente sãs portarem uma metralhadora, uma cadeira elétrica ou uma câmara de gás em miniatura no pescoço, mas a visão de um crucifixo dificilmente nos choca, de tanto que nós estamos impregnados do veneno dessa religião, de tanto que nós somos ainda suas vítimas sem o saber.

O que caracteriza a religião cristã é, por um lado, a depreciação sistemática de tudo o que alimenta a vida, e, por outro lado, a celebração de realidades inexistentes, puramente fictícias, portanto, do nada e da morte. Por um lado, o cristianismo condena todas as condições de uma vida rica, intensa e cada vez maior, à frente das quais se encontra a sexualidade, o maior prazer que o ser humano pode conhecer e a condição elementar da sobrevivência da espécie. Por outro lado, a religião amiúde valorizou o contrário da beleza, da inteligência, da força, da criatividade e da felicidade: é a "pobreza espiritual" que as Bem-aventuranças do Sermão da Montanha enaltecem, a feiura, a "pureza", a covardia, a fraqueza, a humildade e a tristeza. O cristianismo quer destruir tudo o que é vivo, que fortalece e seduz, em favor do que enfraquece, deprime e, em última instância, estrangula a vida. Ao mesmo tempo, ele exalta como realidade última vacuidades mentirosas tais como o "Juízo Final", a "Trindade", "Deus", o "além", a "vida eterna", a "ressurreição dos corpos", a "alma" etc.

O amor do ideal é apenas ódio do real

Como alguém pode preferir o nada – o que os cristãos chamam de "Deus" ou "além" – ao mundo, o ideal à realidade? Nietzsche descobre que há uma ligação profunda entre a avaliação do nada ideal e a depreciação da vida real tão característica do cristianismo: elas andam necessariamente de mãos dadas. É sempre para se *vingar* da realidade que é preciso erigir ideais.

> "Por que fazer um além se este não fosse um meio de sujar aqui em baixo?" (*O crepúsculo dos ídolos*. "Incursões de um extemporâneo", 34).

A construção do ideal pressupõe sempre a destruição, a degradação, a calúnia da realidade. É, no entanto, fácil reconhecer que a realidade *é sempre melhor* do que o ideal, porque mesmo a realidade mais medíocre tem a imensa vantagem de *existir*. Só por isso, o mundo real, com seus sofrimentos, seus dramas, suas injustiças, tem infinitamente mais interesse do que o paraíso cristão ou a utopia comunista. Pois o homem real também é mais rico em detalhes, surpresas e nuances do que a abstração vazia de uma ideia. Da mesma forma, o pior criminoso, o imbecil mais previsível, tem infinitamente mais valor do que a ficção de um homem "bom", de um homem "perfeito", de um homem tal como se gostaria que existisse.

> "O que justifica o homem é a sua realidade – ela o justificará por toda a eternidade. Em que proporção o homem real é superior em valor, comparado a um homem simplesmente desejado, sonhado, costurado com mentiras, a um homem *ideal*?... E só o homem ideal ofende o gosto do filósofo" (*O crepúsculo dos ídolos*. "Incursões de um extemporâneo", 32).

Se olharmos para a história *real* do cristianismo – em contradição absoluta com seu dogma de amor e paz –, é preciso dar razão a Nietzsche. A crueldade inaudita com a qual essa religião tem perseguido seus inimigos e intimidado seus fiéis, as torturas, interrogatórios, suplícios, exercícios ascéticos, carnificinas e assassinatos em massa, julgamentos de feitiçaria e heresia, o sadismo das representações do inferno e da educação das crianças – tudo mostra que o amor cristão é, na realidade, uma *máscara* aposta a um profundo *ódio* do homem.

As realizações efetivas das utopias comunistas têm, a esse respeito, fielmente copiado o cristianismo. Pela decepção de ver o homem pós-revolucionário corresponder tão pouco ao ideal sonhado da teoria comunista, preferiu-se abatê-lo cuidadosamente para não mais se ter sob os olhos essa prova de fracasso. Mao escreve no seu "Livrinho Vermelho" que a guerra não terminará quando o inimigo exterior tiver sido vencido, porque restará por vencer o inimigo *interior*. Tudo indica que o verdadeiro objetivo de Mao não era uma sociedade sem classes ou sem injustiça, mas a guerra contra *o homem enquanto tal*. Sem chegar a esses extremos, esse tipo de mecanismo abunda em nossas vidas, onde a ereção de um ideal é apenas o disfarce de um profundo desgosto pela realidade. Assim esses sedutores compulsivos, cuja procura frenética pela mulher ideal dissimula seu ódio por toda mulher real...

Uma moral nobre celebra a vida em vez de a condenar

Será que todos os nossos valores são então apenas uma maneira de negar a realidade? Será que toda moral é necessariamente o processo do que existe realmente? Nietzsche mostra que existe uma forma mais original da moral que, em vez de aviltar a realidade, a *celebra*. Esse tipo de moral, em vez de condenar o mal no homem, honra tudo o que ele tem de excelente e tudo o que a vida tem de inebriante, de nobre e de intenso.

O primeiro traço dessa moral, que Nietzsche chama de moral "aristocrática" ou moral dos mestres ou dos senhores, é que ela não começa por julgar os *outros*. Aquele que a segue se esforça antes em ver em si o que é digno de elogio e em perenizar a sua *própria* felicidade, seu talento, sua beleza, sua inteligência ou sua coragem. Os primeiros juízos dessa moral aristocrática vêm, portanto, do contentamento em ser quem se é, da gratidão para com a vida, e cada um pode alçar assim o seu voo exclamando: "Nós, os nobres, nós, os bons, os belos, os felizes!"

Trata-se de uma moral *ativa*, afirmativa e positiva. Seu primeiro gesto é uma aquiescência à vida. É somente em um segundo momento que ela deduz da apreciação de sua própria felicidade a noção do que é "mau", ou seja, o que não está à altura da vida que temos a chance de viver, o que é infeliz, fraco, vulgar, fracassado. É assim que o pobre ou o escravo aparece para o aristocrata. Para ele, o termo "mau" não está encharcado de ódio, quando muito de desprezo, por vezes de piedade, mas, sobretudo, daquilo que Nietzsche chama de o *pathos da distância*: o "bom" não quer combater ou destruir o que ele julga "mau", basta-lhe mantê-lo à distância. O importante nesse tipo de moral é que o termo positivo serve de avaliação originária e o termo negativo é simplesmente a sombra, o eco sem consequência. É o que é bom que decide sobre o que é mau, e não o contrário.

Quando só se encontra o próprio valor condenando os outros

Como chegamos à moral judaico-cristã que se baseia não na afirmação, mas na negação da vida? O que Nietzsche chama de "moral dos escravos" provém de uma inversão ponto a ponto da moral dos senhores.

> "Enquanto toda moral nobre procede de um dizer-sim triunfante a si mesmo, a moral dos escravos diz não desde logo a um 'exterior', a um 'de outra maneira', a um 'não si': e é *esse* não que é seu ato criativo. Essa inversão do olhar avaliador, essa necessidade de se dirigir para fora em vez de voltar-se para si, pertence de modo peculiar ao ressentimento: para nascer, a moral de escravo sempre precisa de um mundo exterior, um contramundo, ela precisa, em termos fisiológicos, de estímulos exteriores para agir; sua ação é fundamentalmente reação" (*A genealogia da moral*, I, 10).

Não se trata aqui de pôr em dúvida o sofrimento bem real dos oprimidos, nem de defender a brutalidade e o egoísmo dos senhores. Entretanto, embora fosse desejável que os escravos soubessem se defender e escapar da servidão, pode-se, no entanto, contestar a astúcia pela qual eles conseguiram mentir sobre as causas de seu fracasso. Eles construíram sua moral pela inversão sistemática da moral aristocrática. A moral dos escravos é assim puramente *reativa*. Ela cria seus valores negando os valores aristocráticos. Os valores positivos – o que se considera bom ou bem – não são os valores primários, mas as consequências das apreciações negativas – o que se considera mau ou ruim. É, portanto, na rejeição e na oposição que esta moral alça voo.

Vemos, portanto, de onde vêm os valores cristãos: da *negação* sistemática da moral aristocrática, da inversão do valor concedido à força vital. Assim, tudo o que o aristocrata considerou "ruim" torna-se "bom" por pura contradição. A fraqueza torna-se mérito, a impotência torna-se bondade, o medo torna-se humildade, a covardia torna-se paciência, a vingança torna-se justiça... até que o ódio, certamente justificado, do escravo pelos seus mestres acaba por se chamar "amor".

Essa inversão moral não serve na realidade aos interesses dos escravos, porquanto, pelo menos em um primeiro momento, ela os encoraja a chafurdar na fraqueza. Sobretudo, esses valores não são autênticos. Eles não correspondem a nenhuma experiência concreta do valor que a vida pode produzir. São derivados, *reações*, reflexos invertidos de valores mais originais, aqueles dos senhores. Trata-se, estritamente falando, de valores *irreais*.

Não escolher os próprios valores por despeito

A moral dos escravos não começa dizendo *sim*, mas dizendo *não*. Seu *sim* nunca é um *sim* franco, direto, mas somente uma maneira desonesta e vergonhosa de dizer *não* ao seu contrário. De múltiplas maneiras, somos os herdeiros desse modo de avaliação cristã. Quando dizemos *sim* a alguma coisa, será que é verdadeiramente para valorizar essa coisa? Será que o nosso *sim* sempre se dirige para o que amamos ou é apenas uma maneira sorrateira de dizer *não* ao que detestamos? Por exemplo, será que gostamos de rock alternativo por causa do prazer que essa música nos proporciona ou para mostrar nosso desgosto pela variedade consensual e indignamente comercial? Será que defendemos os pobres e os oprimidos, porque nos importamos com o seu sofrimento, ou é um pretexto conveniente para nos opormos à sociedade afluente na qual vivemos?

Criar uma ética da afirmação, que se enraíza em um *sim* a tudo o que é belo em vez de um *não* a tudo o que é feio, torna-se assim a principal aposta de Nietzsche (veremos mais adiante que isso requer dizer *sim* à feiura também, em certa medida).

Nós sabemos agora por que a vida pode acabar querendo negar-se a si mesma. Quando ela procura justificar-se através da moral cristã, ela se revela doente, oprimida e esgotada. Os ideais negativos do cristianismo são apenas uma vingança espiritual contra uma situação de aflição bem real. Mas será que essa vingança é o melhor remédio contra o sofrimento? Será que o escravo se liberta verdadeiramente da crueldade de seus senhores invertendo seus valores e erigindo sua fraqueza e seu sofrimento como ideais? Será que os remédios do cristianismo não são na realidade venenos que *agravam* a doença?

Questões vitais

1) Passe em revista suas opiniões e convicções políticas, sociais ou artísticas. Será que você pode perceber de que maneira você procura justificar sua maneira de viver e de ser através dessas opiniões, inclusive aquelas que nada têm a ver com sua vida pessoal?

2) Você cultiva, adora, se submete a um ideal, seja político, social, religioso ou sentimental? Pergunte a si mesmo qual é a relação entre seus ideais e sua realidade. O ideal o ajuda a suportar melhor a realidade ou a rejeitá-la melhor? Pelo ideal, você procura justificar essa realidade? Ou você procura fugir dela? Ou mesmo se vingar dela?

3) De que maneira você diz sim e não? Quando você diz sim a uma obrigação familiar, social, profissional, é somente porque você a aprova ou é uma maneira enviesada de rejeitar outro tipo de comportamento? Quando você recusa um convite para jantar, para participar de situações sociais, é porque prefere outra coisa e o sim para essa outra coisa domina, ou é porque o desejo de negar domina?

4) Como você estabelece suas preferências, suas "tábuas de valores"? Você parte do que mais o entusiasma e então desce até o que lhe é indiferente e, enfim, o que o irrita ou o incomoda? Ou você parte do que o revolta e repugna, e então deduz o que você mais estima por mera oposição? Você saberá assim se seus valores são ativos ou reativos.

5) Se os seus valores forem reativos, será que você pode considerar invertê-los, isto é, colocá-los de volta no lugar? Tente pensar nas experiências que mais o enriquecem, isto é, que aumentam seu sentimento de potência. Coloque essas experiências no topo da sua tábua de valores, depois desça das experiências mais fortes em direção às mais fracas até aquelas que lhe parecem francamente desagradáveis, paralisantes e soporíficas. Você terá assim sua nova tábua de valores: valores que exprimem a vida em vez de negá-la.

Os venenos da moral: ressentimento e má consciência

A doença da qual o escravo sofre, da qual o cristão sofre, da qual se alimentam as construções morais, metafísicas e religiosas, se chama *ressentimento*. Como definir o ressentimento? É a sensação de que, se eu sofro, outra pessoa deve ser responsável por isso. Em certos casos, a atribuição dessa culpa é puramente imaginária: como não conheço as causas do meu sofrimento, acuso qualquer um que me tenha causado mal-estar. Em outros casos, identifico corretamente a causa do meu sofrimento, mas o remoer do meu sentimento de injustiça sobrepõe-se ao meu sofrimento primeiro e o agrava desmesuradamente. Com efeito, se em um primeiro momento acredita-se encontrar um alívio do próprio sofrimento no fato de encontrar um responsável por ele, o sentimento de ser uma *vítima* se torna em seguida totalmente uma doença. E assim, esse sentimento de vexação, esse complexo de perseguição, essa faca que mexe na ferida, pereniza o sofrimento originário que, sem isso, teria passado sozinho. Se, como o sustenta Nietzsche, a verdadeira saúde não consiste na ausência de doença, mas na saudável defesa contra a doença, o *ressentimento* é mesmo a reação patológica que transforma a dor passageira em doença crônica e em verdadeira gangrena.

Procurar um culpado

Nós o vimos na primeira parte, o homem não se desespera tanto pelo seu sofrimento quanto pela falta de explicação para este. Nada mais natural então do que o ressentimento. Eis uma reação espontânea contra o absurdo da dor. Nietzsche admite ter ele mesmo sido vítima dessa patologia, cujo funcionamento ele aprendera durante sua longa doença.

> "A irritação, a suscetibilidade doentia, a impotência para se vingar, o desejo, a sede de vingança, o envenenamento em todos os sentidos da palavra – é para os esgotados seguramente a forma mais nociva de reagir. [...] *O ressentimento* é, para o doente, a coisa proscrita *em si* – o *seu próprio* mal: e também, desgraçadamente, a sua tendência mais natural" (*Ecce homo*. "Por que sou tão sábio", 6).

Todos corremos o risco de agravar o nosso mal-estar pela necessidade doentia de acusar alguém, de explicar nosso sofrimento pela falta de outrem. Basta ler um grande diário para constatar que o ressentimento toca todas as camadas da sociedade: ressentimento dos profissionais liberais contra os funcionários públicos que são remunerados com os impostos, ressentimento dos funcionários públicos contra o setor privado, onde se ganha mais, ressentimento dos filhos contra os pais, responsáveis por toda a sua infelicidade, e dos pais contra os filhos, que lhes roubaram sua juventude. Se a forma clássica do ressentimento é aquela do pobre contra o rico, que ele responsabiliza pela sua miséria, encontramos também o seu contrário, o aberrante ressentimento dos mais favorecidos contra os desfavorecidos. Assim, o partido italiano da "Liga do Norte" acusa as províncias pobres do Sul de roubarem as riquezas das províncias ricas do Norte... Com efeito, mesmo os maiores privilégios não protegem da infelicidade, e nossa inclinação natural nos conduz a querer nos descarregar de nosso mal-estar atribuindo-o a qualquer pessoa.

> "Pois instintivamente aquele que sofre procura sempre uma causa para seu sofrimento; mais exatamente um autor, mais precisamente um autor *culpado*, *suscetível* de sofrer, – em

suma, qualquer ser vivo sobre o qual ele possa descarregar seus afetos em *efígie* ou na realidade, sob qualquer pretexto. [...] 'É culpa de alguém se estou mal' – esse tipo de raciocínio é próprio de todos os doentes, e tanto mais que a verdadeira causa do seu desprazer, a causa fisiológica, lhes permanece oculta" (*A genealogia da moral*, III, 15).

A ruminação do ressentimento

O ressentimento é, portanto, uma forma de *vingança*, mas uma vingança puramente imaginária que, à falta de poder exteriorizar-se, volta-se contra si mesma. Se alguém fosse capaz de reagir a uma humilhação, a uma vexação, o processo do ressentimento não poderia ser instalado: seria libertado de sua agressividade antes que pudesse se incrustar e se enrijecer em si mesmo.

> "Alimentar ideias de vingança e realizá-las é ter um violento acesso de febre, mas passageiro; alimentar, ao contrário, ideias de vingança sem ter a força nem a coragem de as realizar, é arrastar um mal crônico, um envenenamento do corpo e da alma" (*Humano, demasiado humano*, I, 2, 60).

Ao interiorizar sua vingança, o homem do ressentimento se faz assim ao mesmo tempo vítima e carrasco. Nesse círculo vicioso, sua dor só pode se agravar: quanto mais ele sofre, mais ele deseja se vingar, mas como ele retém em si mesmo essa vingança e se faz mal com ela, seu sofrimento e seu ódio apenas se tornarão maiores. Eis por que o sentimento de *ódio* só pode nascer da *impotência*. Aquele que tem força suficiente para se defender, coragem suficiente para dar a réplica a uma ofensa, não conhecerá a lenta incubação do ódio que é a violência recolhida, essa violência que, à falta de escoamento, se decuplica exponencialmente. Nietzsche constata que "os maiores odiadores da história mundial foram, sem exceção, sacerdotes" (*A genealogia da moral*, I, 7). É a impotência dos religiosos que os constrange a ruminar seu ódio – os sermões e as orações, com sua tendência à hipérbole e à repetição encantatória, são seus excelentes meios –, até que ele assuma dimensões monstruosas.

A incapacidade de esquecer

Haveria, no entanto, uma receita simples para se proteger contra essa escalada autodestrutiva: o *esquecimento*. Por que não queremos esquecer os erros que cometeram contra nós, quando esquecer é seguramente a melhor maneira de assegurar-se de que esses danos passados não continuem a envenenar nosso presente e a contaminar nosso futuro? Nós somos tão tributários de uma cultura da comemoração, do "dever de memória", da crença na virtude curativa do relembrar, que a amnésia voluntária nos parece necessariamente um traço de fraqueza. Para Nietzsche, ao contrário, a capacidade de esquecer das experiências dolorosas é essencial para a saúde da alma. Ela é uma medida de proteção indispensável contra a gangrena do ressentimento. Do esquecimento depende nossa faculdade de *digerir* nossas experiências e então de avançar, de dar lugar a *novas* experiências, em vez de estarmos ocupados em remoer incessantemente nossos problemas e nossas más recordações.

> "Não superar uma experiência é já um sinal de decadência. Reabrir velhas feridas, chafurdar no desprezo de si e na contrição é uma doença suplementar, onde jamais a 'salvação da alma' poderá nascer, mas sempre somente outras formas patológicas da mesma doença" (*Fragmento póstumo de 1888*, 14 [155]).

O livre-arbítrio como justificativa para o ressentimento

O ressentimento repousa, portanto, sobre duas patologias básicas: a impotência para reagir e a incapacidade de esquecer. Mas o ressentimento só atinge seus plenos poderes graças a uma *falsificação metafísica*. Que alguém nos tenha feito mal não prova ainda que ele seja culpado. Poderia se tratar de um acidente, de um infeliz acaso, de uma necessidade inevitável. Nós nos persuadimos então de que ele *deliberadamente* quis nos fazer mal, de que ele escolheu nos ofender e, portanto, de que ele teria podido impedir-se de fazê-lo se ele simplesmente, para tanto, tivesse tido a *boa vontade*. Eis então para Nietzsche a origem da noção de *livre-arbítrio*, tão essencial para toda moral, e responsável por si só pela prodigiosa inversão dos valores que a moral judaico-cristã alcançou. Se não houvesse livre-arbítrio, não haveria culpado com o qual se atracar no tempo e, portanto, nenhum ressentimento possível. Por conseguinte, foi com o objetivo de *punir* e de se vingar que se imaginou que os homens eram moralmente livres.

> "Nós hoje já não temos nenhuma piedade pelo conceito de 'vontade livre': sabemos perfeitamente bem o que é – o truque de mágica mais obscuro dos teólogos, visando a tornar a humanidade 'responsável', no sentido em que eles o entendem, isto é, a *submetê-la à sua dependência*. [...] – Onde quer que se procure responsabilidades, é normalmente o instinto do *querer-castigar e julgar* que está à procura. Despojou-se o futuro de sua inocência cada vez que o fato de ser desta ou daquela forma é reduzido a uma vontade, a intenções, a atos de responsabilidade: a doutrina da vontade foi inventada essencialmente com o propósito de castigar, isto é, de *querer--encontrar um culpado*" (*O crepúsculo dos ídolos*. "Os quatro grandes erros", 7).

Acreditamos que a existência de uma vontade livre é a condição de nossa liberdade de agir. Nada disso: a ideia de livre-arbítrio é, ao contrário, a ficção que permite julgar, punir e coagir o scr humano, a astúcia que permite lhe dizer que não somente ele *deveria* agir de maneira diferente, mas que ele é *capaz* de fazê-lo, porquanto isso só depende da sua vontade. Assim, a ideia de livre-arbítrio torna-se o mais eficaz instrumento de controle e dominação. Pode-se obrigar o indivíduo a fundir-se em um molde persuadindo-o de que depende só dele aí entrar. Em outras palavras, exige-se que ele seja outro que não ele mesmo *por iniciativa própria* e, caso contrário, ele será inculpado pela sua singularidade. A recordação dos últimos tempos, nos quais se tentava convencer os homossexuais de que só dependiam da sua vontade de ter uma sexualidade "normal", é suficiente para ilustrar essa forma de raciocínio.

Nietzsche mostra, no entanto, que a ideia de livre-arbítrio repousa sobre uma falsificação. Ela supõe que se possa *separar* o autor de seu ato. Uma tal coisa é impossível, porquanto nossas ações, nossos comportamentos fazem necessariamente parte de quem somos. Quando o relâmpago troveja, sabemos bem que só há nisso um único fenômeno e não dois. Não há relâmpago sem trovão ou trovão sem relâmpago. O relâmpago e o trovão são, de fato, uma única e mesma coisa. Do mesmo modo, não existe força que não se manifeste ou força que teria escolhido ser fraca ou impotente – a força e suas manifestações são uma única e mesma coisa.

Assim, o cordeiro acusa as aves de rapina por atacá-lo. Ele bem sabe, no entanto, que é da natureza das aves de rapina atacar os cordeiros, que elas não são, portanto, culpadas por terem escolhido ser violentas. Mas para justificar seu ressentimento, o cordeiro deve dotar a ave de rapina de livre-arbítrio e acusá-la de ter agido como uma ave de rapina em vez de como um cordeiro.

Quando se toma a fraqueza por mérito

O ressentimento ficaria muito doloroso se consistisse apenas em atribuir uma falta ao outro: também é necessário, para salvar a própria honra, atribuir-se a si mesmo um *mérito*. Não somente a ave de rapina é culpada por ser uma ave de rapina, mas o cordeiro se torna merecedor por ser simplesmente um cordeiro, por não agir como seu predador. A força se torna culpada por ser forte, e o fraco se persuade de que a sua fraqueza resulta de uma escolha, de uma disciplina, de uma renúncia a essa força que, de qualquer modo, lhe escapa.

Vemos então como a mentira do livre-arbítrio – porquanto fingir que sua fraqueza resulta apenas da escolha de não ser forte é bem uma mentira – permite uma forma de *vingança* particularmente refinada. Essa vingança não consiste somente em culpar seu carrasco vitorioso, mas em inventar para si uma superioridade, interpretar seu fracasso como uma demonstração de grandeza moral, de virtude e de pureza. Na realidade, ela enfraquece ainda mais os fracos persuadindo-os de que sua fraqueza é seu grande *mérito*. Nada o ilustra melhor do que o "Sermão da montanha" do Evangelho de Mateus, essa obra-prima da mistificação perversa.

"Bem-aventurados aqueles que se reconhecem espiritualmente pobres, porque o reino dos céus lhes pertence.

Bem-aventurados aqueles que choram, porque Deus os consolará.

Bem-aventurados aqueles que são humildes, porque Deus lhes dará a terra como herança.

Bem-aventurados aqueles que têm fome e sede de justiça, porque serão saciados.

Bem-aventurados aqueles que testemunham a bondade, porque Deus será bom para eles.

Bem-aventurados aqueles cujo coração é puro, porque eles verão a Deus.

Bem-aventurados aqueles que espalham ao seu redor a paz, porque Deus os reconhecerá como Seus filhos.

Bem-aventurados aqueles que são oprimidos pela justiça, porque o reino dos céus lhes pertence" (Mt 5,3-10).

Vemos claramente aqui que se encorajam os pobres de espírito a serem ainda mais pobres, os tristes a chorarem ainda mais, os oprimidos a curvarem a coluna, e, ao mesmo tempo, se usa da promessa de um "reino dos céus" que será a recompensa desses sofrimentos. A fraqueza aqui de baixo é assim a força do além, o sofrimento aqui de baixo é o gozo do além, os infelizes serão felizes em um mundo inexistente, e eles devem, portanto, continuar a sofrer. Assim, os fracos são convidados a se deixarem oprimir sendo apanhados na armadilha do seu próprio ressentimento.

Este, portanto, busca o socorro da moral, da metafísica e da religião para vingar no nível do *ideal* sua derrota na *realidade*. Assim há muito sucede com o fundamentalismo islâmico: as nações muçulmanas foram maltratadas por dois séculos por países ocidentais – por causa da colonização, da instrumentalização durante a guerra fria e da *Realpolitik* sem escrúpulo a propósito do petróleo e das matérias-primas. É certamente humilhante sair do esplendor do Império Otomano, Persa ou Árabe com vários séculos de atraso tecnológico. Sim, os países árabes foram os "cordeiros", e os ocidentais, as "aves de rapina". Mas será que o ressentimento sem limites é o melhor remédio contra esse sentimento de fracasso e humilhação? Todos os elementos da demonstração nietzscheana estão aqui reunidos: primeiro, a necessidade de um culpado, mesmo afastado dos sofrimentos reais – Israel, por exemplo, ou os Estados Unidos, responsáveis por todos os males; em seguida, a fuga para uma religiosidade arrogante e intransigente, para uma moral draconiana da "pureza" absoluta; enfim, o sentimento de uma superioridade moral que permite condenar ainda mais seu adversário e gozar na imaginação de uma vitória fantasmagórica e sangrenta contra seus antigos carrascos.

O caso dos palestinos é particularmente dramático, uma vez que o projeto nacional palestino é puramente *reativo*, concebido como uma simples negação do projeto sionista. É somente após a fundação de um Estado judeu que se milita pela criação de um Estado palestino, como uma reação tão negativa quanto mimética. É em imitação do conceito hebraico de *Shoah* que se escolhe o seu exato sinônimo árabe, *Nakba*, para descrever o Êxodo de 1948. Não se trata aqui de negar o sofrimento, de fato terrível, das populações dos territórios ocupados, mas de mostrar que a estratégia do *ressentimento* é bem mais um veneno do que um remédio, e que ela só pode agravar o sofrimento originário.

A necessidade compulsiva de um bode expiatório é o melhor meio para não se ocupar daquilo que a própria pessoa pode melhorar. A fuga para o fundamentalismo religioso é o melhor meio para cavar ainda mais fundo o fosso tecnológico e econômico que separa das sociedades livres da religião, sem falar da frustração inaudita e do potencial de violência explosiva que implica o puritanismo moral e religioso. A moral niilista finda por destruir aqueles que ela pretende ajudar[6].

A má consciência ou quando a violência se volta contra si mesma

Experimentar ressentimento consiste em interiorizar a própria violência. Em vez de nos vingarmos diretamente contra a ofensa que nos foi feita, ruminamos essa vingança em nosso imaginário. Mas a má consciência vai um passo mais longe. O que é a má consciência? É o voltar-se contra si mesmo da violência e da crueldade natural do ser humano. Enquanto o homem do ressentimento procura a todo custo um culpado pelo seu mal-estar, o homem da má consciência se maltrata como se fosse o culpado. Enquanto o homem do ressentimento retém sua violência e a interioriza, o homem da má consciência se tortura com essa violência interiorizada.

A má consciência é, sem dúvida, um fenômeno inerente a toda vida em sociedade. Como o bem-estar social exige que as pessoas não despejem sua violência interior sobre os outros, elas não têm outra escolha a não ser voltarem-se contra elas mesmas. É a patologia do "homem enjaulado".

> "O homem que, na falta de inimigos e de resistências exteriores, apertado na estreiteza opressiva e na regularidade do costume, rasgou-se impacientemente, caçou-se a si mesmo, roeu-se, revistou-se, maltratou-se, esse animal que não deixa de se ferir nas barras de sua jaula, que se quer 'domesticar', esse necessitado que devora a nostalgia do deserto, obrigado a fazer de si uma aventura, um lugar de suplício, uma selva inquietante e perigosa – esse louco, esse prisioneiro nostálgico e desesperado tornou-se o inventor da 'má consciência'. Mas

---

6 Sublinhemos, todavia, que Nietzsche classifica o islamismo, diferentemente do cristianismo e do budismo, entre as religiões ativas que afirmam a vida. É, no entanto, no esplendor da cultura mourisca hispano-muçulmana que ele pensa, e não no atual retorno aos fundamentos, que pelo seu aspecto reacionário prova sua natureza reativa.

com ela foi introduzida a doença mais grave e a mais terrível, da qual o homem ainda não se recuperou até hoje, aquela do homem que sofre *do homem*, que sofre de *si mesmo*: consequência de uma separação violenta do passado animal" (*A genealogia da moral*, II, 16).

Todo animal sofre em uma jaula. Não é, portanto, surpreendente que o homem sofra em sociedade. Mas é importante tornar inofensivos aqueles que, sentindo-se prisioneiros, poderiam voltar a violência de seu ressentimento contra aqueles que os aprisionaram. É preciso, portanto, inventar a noção de pecado e fazer com que os sofredores acreditem que eles mesmos são a causa de seu sofrimento.

> "'Eu sofro: é culpa de alguém' – assim pensa a ovelha doentia. Mas o seu pastor, o sacerdote asceta, lhe diz: 'Sim, minhas ovelhas! É culpa de alguém: mas esse alguém é você – a culpa é sua, só sua, *é você que pecou contra si mesmo!*' Que audácia, que falsidade: mas assim, pelo menos, um resultado é alcançado, eu o repito, a direção do *ressentimento é... desviada*" (*A genealogia da moral*, III, 15).

A má consciência é a arma útil do sacerdote para generalizar e agravar o sofrimento de todos e, assim, tornar-se ainda mais indispensável com suas promessas de redenção e de Juízo Final. O sacerdote precisa fazer os fiéis sofrerem para vender sua droga.

Sentir-se culpado pela sua própria felicidade

Não é suficiente condenar os infelizes pelo seu próprio sofrimento, é preciso além disso fazer com que os felizes sofram, fazendo-os acreditar que são culpados de serem felizes. Eis o último, o mais refinado, o mais sutil triunfo da vingança generalizada que é o cristianismo.

> "[...] Quando então eles poderiam alcançar seu triunfo final, o mais sutil, o mais sublime? Eles o alcançariam indubitavelmente se conseguissem *insinuar* sua própria miséria, toda miséria na *consciência* dos felizes: de modo que esses últimos acabassem um dia por ter vergonha de sua felicidade e talvez dissessem entre eles: 'É uma vergonha ser feliz! *Há miséria*

demais!'... Mas não poderia haver mal-entendido mais grave e mais desastroso do que ver os felizes, os bem-sucedidos, os potentes pelo corpo e pela alma, começarem assim a duvidar de seu *direito à felicidade*" (*A genealogia da moral*, III, 14).

Da mesma maneira que o islamismo fundamentalista é uma forma contemporânea de ressentimento moralizante, podemos nos reconhecer a nós mesmos, ocidentais mimados, na figura dessa má consciência que tem vergonha de sua própria felicidade. É possível que nossa prosperidade atual seja devida aos crimes de nosso passado colonial e à exploração desavergonhada da natureza. Mas será que nós somos, no entanto, *culpados* de nossa potência e de nossa prosperidade e assim privados de nosso "direito à felicidade"? A má consciência da ecologia fundamentalista responde assim ao ressentimento do islamismo fundamentalista. Essas duas ideologias totalitárias do nosso tempo, esses dois últimos avatares do terrorismo moral, estão de acordo sobre este ponto: uma sociedade potente e próspera é necessariamente culpada de sua potência, um homem feliz é necessariamente culpado de sua felicidade.

Não há saída: o homem deve ser culpado de alguma coisa, de sua felicidade ou de sua infelicidade. Existe necessariamente um "pecado original" e pouco importa que este seja perante Alá ou perante o deus "Natureza", pouco importa que seja necessário "salvar a própria alma" ou "salvar o planeta", desde que haja alguma coisa para salvar... A ecologia pode ser, certamente, uma moral *ativa*, quando ela é motivada por um real *amor* pela natureza. Mas demasiado frequentemente ela é puramente *reativa*. A proteção do meio ambiente não é mais do que um pretexto para mascarar seu ódio pelo homem e pela sociedade atual. Basta escutar as pregações dos ecologistas mais em voga para perceber que se contentam em reciclar os discursos moralistas mais retrógrados: acusa-se o "egoísmo", "o descuido", "o hedonismo" do homem que prefere gozar o instante presente em vez de pensar no futuro do planeta, e espera-se que ele seja punido por uma catástrofe climática, exatamente da mesma forma que o Deus do Antigo Testamento punia os habitantes de Sodoma ou os construtores da Torre de Babel. Malgrado tudo o que opõe os ecologistas e os islamistas, suas motivações profundas se assemelham: fazer penitência, seja usando uma burca ou triando seu lixo.

Reencontrar nossa inocência

Pior do que todo sofrimento, toda violência, toda injustiça, é, portanto, a ideia mesma de "punição", "culpa", "responsabilidade", que envenena a vida dos homens. Pois, se se torna os outros, antes de a si mesmo, culpados de seu próprio sofrimento, acaba-se por acusar a própria vida de sê-lo por todas as misérias da condição humana.

> "Ajudem, pessoas prestativas e de boa vontade, uma tarefa as espera: livrar o mundo do conceito de punição que o infestou por inteiro! Não há pior infecção. Não somente colocamos esse conceito nas consequências de nossos atos – e, no entanto, que monstruosidade, que desrazão já há em considerar causa e efeito como causa e punição! – fizemos mais e, graças à infame sofística do conceito de punição, desapossamos inteiramente de sua inocência a pura contingência de tudo o que acontece. Chegamos mesmo a impelir o frenesi ao ponto de ordenar experimentar a própria existência como uma punição – parece que a educação da humanidade foi dirigida até agora pela imaginação desregrada de carcereiros e carrascos!" (*Aurora*, I, 13).

Devemos, portanto, seguir Nietzsche lavando a terra da suspeita de culpa que o cristianismo lhe infligiu, liberando o homem da calúnia trazida pela ideia de pecado e de responsabilidade e restabelecendo *a inocência* e a *irresponsabilidade absoluta* do homem e de tudo o que lhe acontece. Somos tão pouco responsáveis por quem somos quanto o são nossos familiares ou a sociedade como um todo. Temos tão pouco mérito quanto culpa de sermos nós mesmos e agirmos como agimos. Todavia, podemos aceitar a fatalidade de nossa existência para fazermos o que estiver ao nosso alcance. Para isso, devemos sair da garoa da responsabilidade, da poluição atmosférica da moral, dos venenos do ressentimento e da má consciência.

> *"Varrer todos os vínculos humanos, sociais e morais, até ser capaz de dançar e saltar como crianças"* (*Fragmento póstumo de 1880*, 8 [76]).

A moral, usurpando nossos piores instintos, nos privou de nossa inocência. Interpretando o real com as categorias da culpa, do pecado, da responsabilidade e da punição, ela enfeou a realidade mascarando a inocência fundamental do devir e de tudo o que existe. A fim de nos regenerarmos e de reencontrarmos nossos instintos vitais, devemos então ousar a imoralidade, isto é, encontrar nossa própria moral, singular e individual.

Questões vitais

1) Será que você tem necessidade de encontrar uma explicação para o seu mal-estar acusando alguém ou algo de ser responsável por isso? Esse sentimento de ter encontrado um "culpado" o alivia? Ou você percebe que esse gozo mórbido de uma vingança imaginária acaba o devorando, o destruindo mais?

2) Será que você é capaz de reagir imediatamente a uma agressão ou a uma ofensa de maneira a não ser torturado pelo ressentimento e pelo desejo de vingança posteriormente? Será que você seria capaz de se "vingar" imediatamente, mas de uma maneira leve e inofensiva, talvez com humor, para se proteger dessa vingança mais perniciosa, interior e duradoura que é o remoer do ressentimento?

3) Você acha que o esquecimento é uma fraqueza, que esquecer episódios dolorosos é uma maneira vergonhosa de fugir da realidade? Ou você percebe que o esquecimento pode ser um remédio potente contra o ressentimento destrutivo, uma defesa natural contra as recordações que o envenenam?

4) Você tem necessidade de justificar os seus fracassos, defeitos ou fraquezas, atribuindo-os a si mesmo como um mérito, como uma decisão livre e consciente de preferir a renúncia, a humildade e a frustração? Ou, ao contrário, você é capaz de admitir seus fracassos e de encará-los, ao mesmo tempo sem sentimento de culpa e sem orgulho invertido e mentiroso?

5) Você acha que o seu sofrimento é uma *punição*, uma justa sanção de uma culpa profunda que você talvez ignore, de uma falta, até mesmo de um pecado? Ou você pode aceitar seu sofrimento como um aspecto inevitável da vida, um ingrediente talvez necessário ou mesmo salutar da existência? Você percebe que não mais se sentir culpado pelo seu sofrimento já o alivia de maneira considerável?

6) Já lhe aconteceu de ter vergonha de ser feliz? Será que você tem a impressão de que, perante toda a miséria do mundo, seria indecente ser feliz, de que você é necessariamente culpado se alcançar a felicidade? Ou você pode conceber ser tão pouco culpado pela sua felicidade quanto é responsável pela sua infelicidade?

Sair do rebanho para fundar a sua própria moral

A moral tem uma função útil para a sociedade: domesticar e endireitar o indivíduo a fim de transformar um bando de bestas selvagens em um rebanho de animais dóceis. Compreende-se por que os "fortes" – os chefes de matilha tornados pastores de rebanho – se serviram dos valores dos "fracos" para governar[7]. Na história humana, a domesticação dos seres humanos sempre consistiu no seu enfraquecimento deliberado. Para tornar um indivíduo inofensivo e maleável, é preciso enfraquecê-lo, castrá-lo e então torná-lo ainda mais doente. Para se curar, o ser humano deve, por conseguinte, se salvar da moral coletiva e encontrar aquela que lhe pertence como própria. Esse caminho passa por uma reconquista de sua singularidade.

É o medo e não o amor ao próximo que inspira a moral

Segundo Nietzsche, o cimento de toda moral não é, de modo algum, o *amor ao próximo*, mas o *medo do próximo*[8]. Hoje, com o advento do *politicamente correto*, essa moral do medo toma um rumo vertiginoso e resulta em uma verdadeira *fobia* do outro. Nós

---

7 *Fragmento póstumo de 1888*, 15 [78].

8 *Além do bem e do mal*, V, 201.

não temos somente medo do "jovem" que poderia nos arrancar a bolsa ou do "barbudo" que poderia se revelar um perigoso terrorista, mas do passageiro que fala alto demais ao telefone celular no trem, do fumante cujas volutas errantes poderiam nos fazer tossir, do galanteador que poderia nos "reduzir ao estado de objeto sexual", do patrão que poderia nos assediar, do fotógrafo que poderia nos roubar nosso "direito de imagem", da vizinha que grita muito alto durante o orgasmo, do racista ou do homofóbico de balcão cujos palavrões poderiam ofender nosso amor-próprio. A lista aumenta a cada dia. E agora as estatísticas de segurança colocam na mesma cesta as violências físicas e "verbais" para concluir que temos tanto medo do outro *em geral* que vemos *toda* troca humana como uma violência.

O indivíduo, inimigo designado do rebanho moralizador

O rebanho humano tem instintivamente medo de tudo o que saia da norma e que poderia perturbar suas convicções, seus hábitos e sua coesão. O rebanho deve não somente conter a violência potencial de suas ovelhas, mas também toda excentricidade que poderia levar algum de seus membros a se singularizar. O *indivíduo* é assim o inimigo designado da moral.

> "A moral induz o indivíduo a tornar-se uma função do rebanho e a atribuir-se valor apenas como função" (*A gaia ciência*, III, 116).

Podemos sentir essa redução do indivíduo a uma função, a um utensílio do rebanho, como a mais terrível das opressões. Com efeito, o rebanho considera tudo o que é *novo* como uma ameaça – "o novo é, em todas as circunstâncias, o mal"[9] – e trata sempre os criadores como criminosos.

---

9 *A gaia ciência*, IV, 376.

"Veja os bons e os justos! Quem eles mais odeiam? Aquele que quebra as tábuas de seus valores, o destruidor, o criminoso – mas esse é o criador" (*Assim falava Zaratustra*, I, 9).

Por outro lado, podemos achar *reconfortante* sermos reduzidos a uma função do rebanho, porquanto ser apenas uma engrenagem em uma máquina, integrar-se em um organismo como um de seus órgãos pode ser um propósito substituto. A castração de toda individualidade que a moral efetua não serve, portanto, somente ao interesse do pastor que dirige o rebanho, mas também ao interesse dos indivíduos que por confusão preferem ser ovelhas[10].

Tanto quanto pelo *medo do próximo*, a moral é motivada pelo *medo de si mesmo*. Pode ser conveniente esconder-se atrás dos princípios morais para não ter que enfrentar os próprios desejos, pois pode ser conveniente executar cegamente os próprios deveres – morais, sociais ou profissionais – para não ter que procurar o próprio caminho. Há assim uma forma de *preguiça* atrás de toda moral: esta oferece seus esquemas de ação pré-fabricados, propósitos e valores intercambiáveis, válidos para todos e para ninguém, o refúgio ideal para aqueles que querem se poupar do *esforço* de se questionar acerca dos próprios objetivos.

A máscara da compaixão

A *compaixão* pode assim ser um divertimento útil para não enfrentar o próprio sofrimento. Ela repousa, entretanto, sobre a ilusão de que os outros sofrem necessariamente com o que nos faz igualmente sofrer. Nietzsche constata que o sentimento de piedade, em vez de aliviar o sofrimento de outrem, o multiplica ao ajuntar-lhe um sofrimento mimético. Seria melhor oferecer ao sofredor o exemplo de sua própria alegria, esperando que ela se propague de maneira contagiosa, e seria necessário aprender a *congozar* ao invés de *compadecer*. De fato, não temos a mínima ideia do que verdadeiramente faz o outro sofrer, não mais do que

---

10 Ibid., III, 119.

do eventual interesse ou do benefício que ele pode encontrar no sofrimento.

> "O que sofremos da maneira mais pessoal é incompreensível e inacessível para quase todos os outros: nisto estamos escondidos do nosso próximo, mesmo que ele partilhe conosco o mesmo prato. Mas onde quer que *percebamos* que sofremos, nosso sofrimento é interpretado de maneira plana; pertence à essência da afeição compassiva *despojar* o sofrimento estrangeiro do que ele tem de especificamente pessoal – nossos 'benfeitores' são, muito mais do que nossos inimigos, aqueles que rebaixam nosso valor e nossa vontade" (*A gaia ciência*, IV, 338).

Quem não conheceu momentos de aflição nos quais nada importuna mais do que a compaixão dos outros, vivida como uma forma de intrusão infantilizante? Há um orgulho em querer combater sozinho o próprio sofrimento, em não deixar os outros nos *privar* dele. Com efeito, há sempre uma parte de desprezo na piedade, porquanto considera que o outro é fraco demais para lutar ele mesmo contra seu mal-estar. Não há então cenário mais catastrófico do que aquele de uma sociedade na qual o altruísmo e a benevolência estejam generalizados. Além dos erros que todos cometemos no que acreditamos ser do nosso interesse, ainda seria preciso defender-se do "bem" que os outros gostariam de nos impor. Em uma tal sociedade, "não fugiríamos cegamente logo que um 'próximo' se aproximasse?" (*Aurora*, II, 143).

É preciso ajudar-se a si mesmo para poder ajudar os outros

A compaixão seria totalmente diferente se fosse motivada por uma real compreensão dos sofrimentos de outrem:

> "Você também vai querer ajudar: mas somente aqueles cuja miséria você *compreende perfeitamente*, porque eles partilham com você um único sofrimento e uma única esperança – seus *amigos*: e somente da maneira como você ajuda a si mesmo: – eu quero torná-los mais corajosos, mais resistentes, mais simples, mais alegres! Eu quero ensinar-lhes o que tão poucos

compreendem atualmente, e, menos do que todos, esses pregadores de piedade – o corregozijo!" (*A gaia ciência*, IV, 338).

Não podemos ajudar os outros sem compreendê-los em sua especificidade. Ora, a compaixão é obscena quando ela supõe que o outro deva ser feliz *à nossa maneira* e que, se não o for, ele é forçosamente infeliz. Por conseguinte, talvez só possamos compreender aqueles que se parecem conosco e que partilham conosco o mesmo sofrimento. Disso resulta que só podemos ajudar os outros ajudando-nos a nós mesmos, e que a única maneira de se alcançar isso é compreender-se a si mesmo.

A moral se apresenta como a principal inimiga do egoísmo. No entanto, será que ela proíbe que se aja em interesse próprio ou que se aja *diferentemente* dos outros? Para Nietzsche, todas as morais manifestam um egoísmo sem igual na medida em que elas não recuam perante nenhuma crueldade para defender os interesses do rebanho. Assim, o altruísmo, que exige que cada um se sacrifique pelo bem-estar de outrem, pressupõe o egoísmo sem limites desse outrem pelo qual deve-se sacrificar. Não é terrivelmente egoísta pedir ao outro que seja altruísta para conosco, exigir que o outro sacrifique seu bem-estar ao nosso?

> "O 'próximo' elogia o desinteresse porque *tira proveito* disso! Se o próximo pensasse ele mesmo de maneira 'desinteressada', ele rejeitaria essa destruição de força, esse dano sofrido em *seu* proveito *próprio*" (*A gaia ciência*, I, 21).

O egoísta ignora tudo de seu verdadeiro ego

O altruísmo tão louvado é, portanto, apenas uma forma particularmente mesquinha, calculista e desonesta de egoísmo. Porquanto ignoramos tudo do outro quando fingimos agir em seu favor. Mas nós ignoramos tudo de nós mesmos igualmente quando fingimos agir por nós mesmos. Para poder ser "egoísta", é preciso já ter um ego, um fundo pessoal que nos distinga do rebanho. Ora, o que chamamos de nosso "ego", nosso "eu", é apenas a imagem social a qual os outros nos remetem.

"A maioria das pessoas, independentemente do que elas possam pensar e dizer de seu 'egoísmo', apesar de tudo, durante suas vidas, nada fazem para o seu *ego* e tudo para o fantasma de *ego* que se formou delas na mente dos que as rodeiam" (*Aurora*, II, 105).

Ser "egoísta" não é agir verdadeiramente para si, pois "o egoísta" não tem a menor ideia do que está adormecido nele. Na realidade, ele possui apenas uma imagem distorcida e esquemática de si mesmo e de seus desejos, que corresponde à maneira como o rebanho concebe o eu e o interesse pessoal. Quando se condena o "egoísmo" dos corretores, por exemplo, que embolsam milhões arruinando pequenos investidores, se esquece de que se trata de um egoísmo particularmente pobre e superficial, reduzido às aspirações mais básicas e mais comuns: o dinheiro, o poder e o status social. Esse tipo de egoísta se contenta com as categorias do rebanho. Ele acredita querer por si mesmo querendo o que todo mundo quer. Em vez de vociferar contra o "egoísmo" dos corretores, seria melhor lamentar a sua *falta* de preocupação consigo mesmos, de um real interesse pessoal, sua falta de imaginação na busca de seus desejos.

Uma moral universal é a moral de ninguém

Se é preciso desconfiar tanto do egoísmo quanto do altruísmo, desembaraçar-se da moral e de seus apelos ao desinteresse é, no entanto, uma primeira etapa na busca de si. Pois, concebendo-nos apenas como membros do rebanho, a moral reduz-nos a autômatos intimados a executar deveres abstratos, os quais, justamente por serem válidos para todos, não interessam a ninguém. O homem "virtuoso", o homem "bom" não é ainda uma pessoa verdadeira. Toda sua "virtude" consiste em corresponder a um esquema de humanidade, aos valores impessoais que a moral promove. É por isso que, quanto mais queremos cumprir "deveres" universais e abstratos, mais desperdiçamos nossa força em ações que nos esgotam. Será que não é verdade que, por falta de prazer, não recarregamos nossa energia pela satisfação do ato realizado? De tanto executar mecanicamente ações "universalmente válidas", nós negligenciamos – e esquecemos – as nossas próprias intuições. O moralista se torna um "decadente", alguém que perdeu seus instintos e sua força interior.

Além disso, o moralista revela sua pretensão desmesurada afirmando deter uma "lei universal" à qual ele se submeteria. Enquanto ele finge obedecer a esta última, sacrificar-se pelo "bem comum", é ele quem decide essa lei universal e esse bem comum que ele quer impor a todos. Atrás da falsa humildade do moralista se esconde o egoísmo propriamente tirânico daquele que quer erigir os seus próprios gostos, preferências, medos e desgostos em regras aplicáveis a todos.

> "Como? Você admira o imperativo categórico em você? Essa 'firmeza' do seu suposto julgamento moral? Esse 'caráter incondicionado' do sentimento de que 'todos devem aqui julgar como eu'? Admire antes o seu *egoísmo* nisso! E a cegueira, a mesquinharia e a falta de exigência do seu egoísmo! É egoísmo, com efeito, sentir o *seu* julgamento como lei universal, e um egoísmo cego, mesquinho e desprovido de exigência, porque revela que você ainda não se descobriu a si mesmo, que você ainda não criou um ideal próprio, e somente seu – e este último nunca poderá ser o de um outro, ainda menos de todos, de todos! – Aquele que continua a julgar dizendo 'eis como cada um deveria agir neste caso', ainda não deu cinco passos no conhecimento de si" (*A gaia ciência*, IV, 335).

Nossos deveres devem ser privilégios

Se devemos ter virtudes, elas serão forçosamente pessoais e não comuns a todos. Não há, com efeito, nenhum interesse em que todos ajam da mesma maneira com as mesmas qualidades e as mesmas forças. Se outra pessoa for capaz de fazer o que a moral me diz para fazer, por que eu também deveria fazê-lo? A submissão de todos a uma lei moral universal tem por consequência o desperdício das qualidades individuais excepcionais e a redundância de ações tornadas inúteis ou até mesmo prejudiciais, porque demasiadas pessoas as executam. Se existe um verdadeiro dever moral, ele consiste em fazer imperativamente o que eu apenas – e ninguém mais – posso e devo realizar. Trata-se da necessidade interior que me *força* a agir de uma maneira absolutamente singular, que talvez chocará os outros e permanecerá incompreendida.

> "Enquanto o louvarem, tenha sempre a certeza de que você não está ainda no seu caminho, mas naquele de um outro" (*Humano, demasiado humano*, II, 1, 340).

A verdadeira moral nunca consiste em agir segundo a conveniência de todos, mas, ao contrário, em conceber o próprio dever moral como um *privilégio* que não se está disposto a partilhar com outrem. São os talentos únicos que possuímos e que nos distinguem de todos os outros, os nossos desejos insuspeitos para os outros que devem nos indicar nossos deveres. Nietzsche chega a dizer que a virtude moral é um *luxo*. É o refinamento egoísta mais gratuito, mais elitista que existe. Com efeito, nossos privilégios são deveres que nos obrigam a estarmos à altura: temos o dever de realizar plenamente o potencial singular que temos a sorte de possuir. Devemos, portanto, guardar ciosamente nossos deveres e não tentar impô-los aos outros.

> "'Meu julgamento é o *meu* julgamento, os outros não têm direito a isso tão facilmente', diz talvez um tal filósofo do futuro. Devemos nos desfazer desse mau gosto consistente em querer estar de acordo com muitas pessoas. O 'bem' já não é bem quando é o vizinho que o tem na boca. E como poderia então haver um 'bem comum'! A palavra contradiz-se a si mesma: o que pode ser comum sempre vale pouco" (*Além do bem e do mal*, II, 43).

Cada um escolherá para si os deveres que correspondam à sua personalidade, à sua sensibilidade: as pessoas profundas buscarão os "abismos", as experiências vertiginosas e misteriosas, as pessoas sensíveis se dedicarão às "ternuras" e aos "arrepios", as pessoas raras se interessarão pelas coisas raras, enquanto as grandes coisas serão reservadas para as pessoas providas de grandeza.

Ver mais longe do que o egoísmo e o altruísmo

Essa preocupação com a nossa *singularidade* não deve ser confundida com o egoísmo puro e simples. Não se trata de olhar apenas para o umbigo e visar exclusivamente a própria vantagem. Se Nietzsche rejeita o "amor ao próximo", é porque ele ainda está demasiado próximo do amor-próprio. Quando a Bíblia nos incita a "amar o seu próximo como a si mesmo", ela trai o egocentrismo insuficiente de um amor incapaz de amar o que não se nos assemelha. O amor ao próximo é apenas o "amor mau por si mesmo", diz Zaratustra, incitando-nos a substituí-lo pelo *"amor ao distante"*. É para o *futuro* que o nosso amor deve ser levado, e o nosso bem-estar atual como aquele de outrem são talvez um obstáculo para o advento desse futuro. Devemos, portanto, rejeitar tanto o egoísmo quanto o altruísmo, ter tão pouca consideração por nós mesmos quanto por outrem, e visar apenas o que nos ultrapassa.

> "Em verdade, não há verdades *individuais*, mas somente uma série de *erros* individuais – o próprio *indivíduo* é um *erro*! [...] Somos rebentos de uma árvore – o que sabemos daquilo em que, no interesse da árvore, poderíamos nos tornar? Mas nós temos uma consciência, como se quiséssemos e devêssemos ser o *todo*, um fantasma de 'eu' e de todo 'não eu'. *É preciso parar de se sentir como um tal 'ego' fantasmagórico!* Aprender, passo a passo, a rejeitar esse pretenso indivíduo. Descobrir os erros do ego! Dar-se conta de que *o egoísmo* é um erro! E, sobretudo, não ver no altruísmo o seu contrário! Seria o amor pelos *outros pretensos* indivíduos! Não! Além de 'eu' e 'você'! Sentir de maneira cósmica!" (*Fragmento póstumo de 1881*, 11 [7]).

O indivíduo, tal como o concebemos, um "eu" autônomo e fechado para o mundo, é uma ilusão. Duas consequências advêm daí. Certamente, devemos ultrapassar essa concepção insuficiente do indivíduo e nos conceber como o elo de uma corrente, de uma linhagem, que vai do passado ao futuro. Mas devemos primeiro *criar* essa individualidade que nunca é uma realidade dada. Precisamos aprender a moldar nossas pulsões, a tecer nossas forças e nossas fraquezas, a esculpir nossa personalidade, a fim de *nos tornarmos o que somos*.

Questões vitais

1) Qual é a sua relação com o "rebanho" humano? Onde você se sente melhor: no interior, ao lado, à frente (como pastor) ou atrás dele? É um dos "casos de consciência" essenciais que Nietzsche propõe em *O crepúsculo dos ídolos* para poder esculpir sua personalidade. Saiba se situar em relação ao grupo.

2) "Ser apenas uma função do rebanho" o tranquiliza? Será que você prefere ser apenas uma engrenagem em uma máquina, executar uma tarefa predeterminada, seguir cegamente os outros, em vez de ter que encontrar o seu próprio caminho e assumir suas responsabilidades? Não há mal em querer ser apenas uma função, mas saiba o que você quer e por quê: é por medo, por conforto ou por necessidade de se sentir útil?

3) Por que você sente a necessidade de ajudar os outros? Por preocupação real com os seus problemas e pela certeza de poder ajudá-los eficazmente? Ou você usa o sofrimento de outrem como uma tela para não encarar a si mesmo, como uma maneira de não enfrentar os seus próprios problemas? Ou ainda você se mostra benevolente para ter uma ascendência sobre aqueles que você diz ajudar?

4) Será que você já chegou a censurar os outros pelo seu egoísmo? Você o faz com seu cônjuge, seus pais, seus filhos, seus irmãos ou irmãs, seus colegas? Pergunte-se por que você não suporta o egoísmo dos outros: será que não é o seu próprio egoísmo que exige que os outros sejam altruístas para com você? Será que você se orgulha desse egoísmo mais passivo, que, em vez de agir ele mesmo em seu próprio interesse, espera dos outros que o façam no seu lugar?

5) Será que você defende grandes princípios morais com os quais você julga os outros? Por que você quer assim impor suas convicções aos outros, mesmo que apenas em palavras? E por que será que você tem necessidade de se refugiar atrás desses princípios? O que aconteceria se você os abandonasse? Você

se sentiria entregue a si mesmo, desorientado, confrontado com forças interiores que o ameaçam?

6) Será que você quer corresponder a um esquema de ser humano, à encarnação da bondade, da justiça, da generosidade, da tolerância ou de qualquer outro valor moral? Será que você tem a impressão de só ter valor como indivíduo se for conforme a esse esquema? Ou será que você seria capaz de descobrir para si um valor independente desses conceitos abstratos?

7) Será que você tem necessidade de que os outros aprovem suas escolhas e seus atos? Será que você procura os cumprimentos dos outros, e esses cumprimentos influenciam suas decisões? Será que você compreende por que Nietzsche diz que, enquanto nos cumprimentarem, ainda não teremos encontrado nosso próprio caminho? Quais coisas verdadeiramente lhe são caras e pelas quais você nunca recebe cumprimentos? Explore mais essas coisas, porque o seu caminho secreto talvez se encontre aí.

8) Será que existe alguma coisa que você se sinta o único capaz de fazer? Alguma coisa que só faz sentido para você e para mais ninguém? Este é então o seu verdadeiro dever: você não deve fazer o que qualquer pessoa deveria fazer, mas somente o que você e mais ninguém conseguiria fazer. Isso não é forçosamente algo extraordinário, mas algo único e apropriado.

III

Os meios
de
agir

Tornar-se o que se é

Retomar o caminho do sim

A queda dos ideais, sua desvalorização e a "morte de Deus" podem constituir uma ocasião inaudita para inventar novos valores, partir numa aventura e *viver perigosamente*. A crise do niilismo é uma oportunidade para se tornar *ativo*, para transformar o sofrimento da falta de sentido no gozo de uma multiplicidade de sentidos, em outros termos, para desenvolver a nossa própria saúde.

> "Com efeito, nós, filósofos e 'espíritos livres', nos sentimos, com a notícia de que 'o velho deus' está morto, como que banhados pelos raios de uma nova aurora; nosso coração transborda de reconhecimento, espanto, pressentimento e espera – o horizonte nos parece enfim ter voltado a ser livre, mesmo que não esteja límpido, nossos navios podem de novo correr os mares, correr ao encontro de todos os perigos, todas os empreendimentos arriscados do homem de conhecimento são de novo permitidos, o mar, o *nosso* mar, nos oferece de novo o seu espaço aberto, talvez nunca tenha havido semelhante 'mar aberto'" (*A gaia ciência*, V, 343).

A moral e a religião nos ensinaram a afirmar ideias inexistentes ou contrárias à vida, e a negar o que é necessário e benéfico para a vida.

> "Ser *pagão* é dizer Sim ao que é natural, sentir-se inocente no que é natural, é ser natural."

> "Ser *cristão* é dizer Não ao que é natural, sentir-se indigno no que é natural, é ser antinatural" (*Fragmento póstumo de 1887*, 10 [193]).

Antes de podermos desenvolver a nossa personalidade singular – que a moral nega opondo-lhe a imagem abstrata e oca do homem "virtuoso" –, nós devemos reaprender a dizer sim em geral, a afirmar a vida e o mundo como a nós mesmos.

Dizer sim à vida é aceitar o mal?

Perante os horrores bem reais da existência – perante os genocídios, a miséria, as doenças, as múltiplas encarnações da crueldade e da perversidade humana –, não é testemunhar uma inconsciência quase obscena celebrar a vida? Será que podemos, em Auschwitz, em Srebrenica, em Nyarubuye, pretender ainda *louvá-la* com tudo o que ela implica? Essa questão, no entanto, equivale a inverter o problema. Pois, se lhe condenamos os dramas, é porque primeiro afirmamos a própria vida. A condenação vem como consequência dessa afirmação principal. O niilista que condena a existência por causa do sofrimento que lhe é inerente comete um erro de lógica. É primeiro porque nós amamos fundamentalmente a vida que somos levados, em seguida, a rejeitar certos aspectos seus.

Para Nietzsche, portanto, é a condenação geral da vida pelo niilista que é uma verdadeira blasfêmia. Ao denunciar as quimeras da religião e da metafísica, Nietzsche está longe de ridicularizar o sagrado. Ele insiste, ao contrário, no caráter sagrado da vida, e mostra o quanto a moral e a religião são ímpias de querer negá-la.

Amar uma parte é amar o todo

Fazer um julgamento *geral* sobre a vida é, por conseguinte, impertinente. O simples fato de nos atermos a certos momentos que nos realizam – por mais raros que sejam – deveria bastar para nos fazer rever nossos julgamentos mais críticos sobre a existência.

> "A questão primeira não é minimamente se estamos contentes com nós mesmos, mas, mais fundamentalmente, se estamos

contentes com qualquer coisa. Supondo-se que dizemos sim em um instante, dissemos, por este meio, sim não somente a nós mesmos, mas também a toda a existência. Pois nada é independente, nem em nós mesmos nem nas coisas: e se uma única vez nossa alma estremeceu e ressoou de felicidade como a corda de um instrumento musical, toda a eternidade teria sido necessária para condicionar este único evento – e toda a eternidade terá sido abençoada, livrada, justificada e afirmada por esse único instante no qual dissemos sim" (*Fragmento póstumo de 1887*, [7] 38).

Por mais infelizes e desesperados que estejamos por vezes, todos conhecemos dias nos quais a vida pareceu se justificar por si mesma, e nos quais todo sofrimento foi como que redimido por um único momento de graça. Ora, mesmo se esse instante de felicidade fosse efêmero e isolado, ele não permaneceria menos ligado ao seu contrário aparente, à passagem pelo sofrimento e, algumas vezes, pela infelicidade. Isolar os períodos de felicidade e extraí-los da vida para tentar eliminar o que é menos agradável é uma abstração, uma visão da mente. Se durante uma curta duração nossa vida parece valer a pena, todos os outros momentos mais penosos também valem a pena, porque eles são a causa, a condição ou simplesmente o caminho que leva às horas mais raras de felicidade.

Não podemos, portanto, de boa-fé, rejeitar a maior parte da vida sob o pretexto de que só gostamos de certos aspectos seus. Seria inconsequente, por exemplo, rejeitar a solidão celebrando apenas o amor, pois a solidão é tanto uma preparação necessária quanto uma consequência frequentemente inevitável do amor. Querer o amor significa querer igualmente a solidão, assim como não podemos querer o prazer sem o sofrimento, ou a felicidade sem a infelicidade.

Amar o destino é embelezá-lo

Essa compreensão da imbricação dos eventos da vida nos obriga a dizer sim a tudo na medida em que dizemos sim a uma de suas partes. Se tudo está ligado, então não existe acaso, e cada ser, cada evento, acontece necessariamente, porque está condicionado por todos os outros. Fala-se então de *destino* ou de *fatalidade*, e eis por que Nietzsche insiste no *amor fati*, o amor ao destino ou à fatalidade.

> "Hoje em dia, cada um se permite a seu desejo e seu pensamento mais caro: bem, quero dizer, eu também, o que eu desejei hoje para mim mesmo e o primeiro pensamento que me veio à mente este ano – que pensamento deve ser para mim o fundamento, a garantia e a doçura de toda vida por vir. Eu quero aprender sempre mais a ver na necessidade coisas como o belo: – eu seria assim um daqueles que embelezam as coisas. *Amor fati*: que esse seja doravante o meu amor! Eu não quero fazer guerra ao feio. Eu não quero acusar, eu não quero sequer acusar os acusadores. Que *olhar para outro lado* seja a minha única negação! E, em suma, em grande escala: eu quero mesmo, em todas as circunstâncias, não ser mais do que um homem que diz sim!" (*A gaia ciência*, IV, 276).

Nietzsche não pretende que seja fácil dizer sim a todos os aspectos da existência. É por essa razão que o seu desejo de sempre dizer sim assume a forma de uma resolução de início de ano. O princípio da afirmação vital é, a seus olhos, uma forma de *terapia* contra o ressentimento, a má consciência e o niilismo. Assim como o ódio e a negação enfeiam, o amor e a afirmação embelezam. Tampouco devemos negar o que é feio ou monstruoso, para não o enfear ainda mais, mas embelezá-lo acolhendo-o e *amando-o* como um aspecto inevitável da existência.

Afastar-se em vez de condenar

Quer dizer que devemos tudo suportar sem relutar, mesmo o que mais nos pesa? Não, porque diante do intolerável há uma estratégia mais eficaz do que a negação: o *afastamento*. Em vez de nos esgotarmos contestando o que nos aborrece, e de nos tornarmos assim seus cúmplices e dependentes, podemos simplesmente escolher desviar o nosso olhar e nos afastar disso. Essa arte da esquiva, da filtragem deliberada, do distanciamento de uma possível causa de ressentimento ou de ódio, é o *pathos da distância*, o fundamento mesmo da moralidade aristocrática. Contrariamente ao escravo que precisa do que o fere para brandir o estandarte de sua virtude como a negação desse mal, o aristocrata não visa de maneira alguma combater ou simplesmente caluniar esse que ele julga mau. Ele só quer preservar-se dele, e prefere ignorá-lo mantendo-se a distância.

Hoje, algumas pessoas passam o tempo praguejando contra a estupidez da audiência ou da sociedade de consumo. Alguns consagram suas vidas a escrever provocações contra a sociedade do espetáculo, deplorando a "grande deculturação" ou arrancando cartazes publicitários no metrô. No entanto, votando-se assim ao que odeiam, eles inevitavelmente se rebaixam ao nível do seu ódio. O desdenhador do embrutecimento televisual permanece aparafusado ao seu posto, o "antipublicitário" lê slogans desde a manhã até a noite. Nietzsche nos ensina que a atitude nobre consiste simplesmente em não assistir televisão e sequer falar disso, em ler poesia em vez de textos publicitários.

Permitir-se outra coisa em vez de proibir

Não se trata, no entanto, de fechar os olhos para o inaceitável e não intervir quando temos meios de fazê-lo. Mas por que chafurdar no remoer estéril de nossos desgostos, nos esgotar em um combate interminável e vão, e buscar um prazer tortuoso na excitação do que nos irrita? Temos coisas melhores a fazer do que nos determos em negar o que nos desagrada: perseguir e celebrar o que nos agrada. Com efeito, a melhor maneira de negar é afirmar outra coisa.

> *Fazendo, nós não fazemos.* – No fundo, tenho horror de toda moral que diz: 'Não faça tal coisa! Renuncie! Transcenda-se!' – sou, por outro lado, bem disposto em relação à moral que me incita a fazer alguma coisa, a refazê-la desde a manhã até a noite, e a sonhar com isso à noite, e a não pensar em nenhuma outra coisa senão fazê-la *bem*, tão bem quanto somente *eu*,

justamente, posso fazê-la! [...] 'Nosso fazer deve determinar o que não fazemos: fazendo, não fazemos' – eis o que me agrada, tal é *meu placitum*. Mas não quero tender os olhos abertos para o meu empobrecimento, não tenho nenhum gosto por todas essas virtudes negativas, – virtudes que têm por essência, elas mesmas, a negação e a renúncia a si" (*A gaia ciência*, IV, 304).

Em uma moral da afirmação, a negação (a recusa, a rejeição) nunca é o ponto de partida, mas somente a consequência. Em uma moral do ressentimento, é a afirmação que é a resultante da negação. Nosso ódio nos ordena a amar o contrário do objeto de nossa repulsa. No entanto, a negação pura é sempre impotente. Eis por que os críticos da ordem social foram incapazes de mudar o que quer que seja. Por outro lado, na moral defendida por Nietzsche, como é o amor que vem primeiro, não odiamos nada enquanto tal. Somos somente indiferentes a certas coisas, porque preferimos outras a elas. Portanto, como nossa negação por indiferença deriva de uma forte afirmação, esta pode realmente mudar as coisas.

Nietzsche propõe assim uma verdadeira estratégia para combater um hábito, um vício ou uma dependência. Não é preciso nunca querer *cessar* de fazer alguma coisa, mas antes fazer *outra coisa* mais forte e, portanto, mais viciante. Não é preciso querer parar de fumar, mas desejar correr mais rápido ou respirar melhor. Não é preciso querer comer menos, mas desejar se sentir mais leve ou consumir iguarias mais refinadas e mais delicadas. Uma dependência só é substituída por uma dependência maior, por uma atividade que gostaríamos de realizar "desde a manhã até a noite", a ponto de sonhar com ela à noite.

Um sim criativo comporta uma parte de destruição

Dizer sim à vida não equivale a tudo aceitar e tudo suportar. Isso implica uma ordem de preferências e, portanto, um princípio de seleção e de exclusão. O homem realizado integra uma forma de filtro instintivo, uma peneira defensiva que só deixa passar o que lhe convém. Esse instinto de autopreservação, que repele o que nos prejudica, costuma ser chamado de *gosto*. O não tem então um lugar em nossa vida, mas esse lugar está condicionado por um sim preponderante. Portanto, a incapacidade de dizer não é uma patologia tão inquietante quanto a incapacidade de dizer sim. Tudo aceitar sem discernimento nem preferência é, de fato, negar a si mesmo, sua sensibilidade, suas prioridades e seus desejos. Em seu *Zaratustra*, Nietzsche ilustra essa afirmação beata e passiva, que renuncia a si mesmo na aquiescência a tudo, pela figura do *burro*. Este, incapaz de juntar a agudez do não à força do sim, bali SIM a tudo. Assim, desmoronando sob a carga do que ele aceita, idólatra da realidade, o burro se esgota e se deixa destruir pelo peso do real que ele carrega nas costas. Pois não basta dizer sim ao mundo, é necessário também dizer sim a si mesmo e então negar uma parte do mundo, aquela que impede de ser o que se é. A verdadeira atividade supõe sempre uma negação colateral. A criação repousa sobre uma destruição prévia, porque dar à luz o novo demanda primeiro desconstruir o antigo a fim de transformá-lo, de moldá-lo e de reinterpretá-lo.

> "É somente como criadores que nós podemos aniquilar" (*A gaia ciência*, II, 58).

Mostrando que não se pode criar sem destruir, Nietzsche não condena tanto a negação quanto a *passividade*. Um *sim* passivo que se contenta em se submeter às restrições do real não vale muito mais do que um *não* passivo que rumina seu mal-estar e se envenena com uma vingança imaginária. Inversamente, um *não* ativo que questiona as condições de vida é um componente essencial de toda ação *afirmativa*. Nietzsche condena o *não* à *vida*, mas a vida comporta sua parte de negação. Recusar-se a dizer não ao que nega a vida equivale então a dizer *não* à vida.

Como um não pode esconder um sim

Um período de negação radical, de questionamento geral e de destruição pode ser necessário para inaugurar uma verdadeira afirmação de si. É por isso que o *niilismo* é uma etapa crucial no advento de uma cultura da afirmação. Nós devemos poder dizer não a tudo o que diz não para sermos enfim capazes de dizer sim à vida. O *Zaratustra* ilustra esse processo por uma metáfora. Se o homem é primeiro um *camelo* que carrega nas costas o peso do mundo e da moral, ele deve tornar-se um *leão* antes de se tornar uma *criança* inocente, lúdica e criativa. A agressividade do leão é necessária para dar lugar à liberdade criativa da criança. Antes de podermos afirmar criando, precisamos *provar* nossa liberdade destruindo os valores antigos que nos acorrentam. Dessa maneira, nós nos daremos conta de que nossa violência, nossa agressividade e nosso egoísmo são uma forma de inocência infantil, uma forma de aquiescer à vida.

É preciso, portanto, estar atento às próprias recusas, rejeições, aos próprios desgostos, porque longe de serem os sintomas de um desinteresse geral ou de um estado mórbido, eles podem ser o prenúncio de uma vida que se busca rebelando-se. Há *sins* que dissimulam um *não* vergonhoso e mesquinho, mas há também *nãos* que prefiguram um *sim* ainda desconhecido.

> "Nós negamos e devemos negar porque algo em nós *quer* viver e se afirmar, algo que talvez não conheçamos ainda, não vejamos ainda!" (*A gaia ciência*, IV, 307).

Devemos aceitar – e compreender – a existência de uma parte de ignorância e de incerteza em nós mesmos. Nem sempre podemos apreender imediatamente as forças que estão adormecidas em nós. É preciso ter paciência para ver um *não* evoluir em um *sim* embrionário, respeitar uma recusa como o humo onde fermentam novas possibilidades de afirmação e perspectivas de vida insuspeitadas.

Ação filosófica

1) Em um momento de desânimo ou de cansaço, tente pensar em um momento no qual a vida pareceu verdadeiramente valer a pena. Será que essa lembrança transforma sua apreciação do momento presente? Será que você percebe que o fato de ter dito uma única vez sim à vida o obriga a dizer *sim* à vida inteira e, portanto, também a seus momentos mais entediantes ou mais dolorosos?

2) Será que você pode constatar em si mesmo que o fato de dizer não, de rejeitar, de criticar ou de condenar uma coisa acrescenta a feiura e a amargura do seu julgamento ao aspecto problemático ou desagradável da coisa? Tente então ver o que há de notável, de instrutivo, de necessário em cada coisa que o perturba, agride ou aflige. Para cada caso, pense como um artista que sabe transformar uma realidade hedionda em uma obra sublime.

3) Será que você tem tendência a enfocar os aspectos da realidade que o incomodam? Da próxima vez que alguém ou alguma coisa o irritar, será que você poderia antes escolher o ignorar, se afastar, se concentrar em um assunto que o apaixone? Tente fazer disso uma regra de vida: sempre buscar se distanciar do que o ofende, em vez de ruminar a própria irritação.

4) Será que você tem maus hábitos dos quais gostaria de se livrar? Não tente parar ou privar-se deles, tente antes *começar* outra coisa e a ela entregar-se completamente. Você terá então menos vontade – e tempo – para se entregar à primeira atividade que você queria parar.

5) Será que lhe acontece de ter tendências destrutivas, ou mesmo autodestrutivas? Será que você tem às vezes vontade de quebrar tudo, tanto literal quanto figurativamente? Será que você se proíbe esses acessos destrutivos e tem vergonha deles, ou você chega a ver a destruição como o requisito e o complemento da *criação*? Pergunte-se sempre o que você pode *criar* destruindo, e, quando você quiser quebrar alguma coisa, tente sempre

construir ao mesmo tempo, transformar sua destruição em uma criação.

6) Nas suas motivações profundas, será que há mais recusa do que desejo? Será que você poderia adivinhar qual afirmação positiva se esconde atrás dessas recusas? Considere os seus *nãos* como setas que apontam na direção de um sim potencial que você ainda ignora.

Tornar-se lento para tornar-se forte

Nietzsche mantém que é a própria fraqueza que impede a maioria das pessoas de dizer sim à vida. É porque seus organismos estão esgotados, porque tanto suas constituições físicas quanto psíquicas são muito frágeis, porque lhes faltam recursos e defesas e porque não suportam o peso da existência. São então incapazes de enfrentar seus aspectos problemáticos e aguentar seus duros golpes, e só podem acusar, condenar, rejeitar a vida em bloco. A negação é sempre o indício de uma impotência para reinterpretar e transformar a realidade:

> *A terra boa.* – Em tudo o que se evita e tudo o que se nega, trai-se uma falta de fertilidade: no fundo, se somente fôssemos da terra boa, deveríamos nada deixar perder sem utilizá-lo e ver em todas as coisas, todo evento, todo homem, um adubo, uma chuva, um raio de sol bem-vindo (*Humano, demasiado humano*, II, 1, 332).

Toda decepção, todo sofrimento, toda tragédia da existência deve ser o aguilhão de nossa força e de nossa criatividade vital. Cada um deve incitar nossa vontade de potência a se afirmar de maneira nova, mais vigorosa. É bem sabido que as terras menos férteis dão o melhor vinho. A aridez do solo obriga a videira a lançar mais fundo suas raízes para buscar seu alimento, a dispensar folhagens inúteis e a produzir uma uva mais concentrada, com sabores mais intensos. Do mesmo modo, as resistências, os dissabores e as aridezes da vida devem nos tornar mais fortes.

É a fraqueza que inspira nossos pensamentos sombrios

Não é porque temos pensamentos sombrios que nos sentimos indiferentes, esgotados ou desgostosos. É porque nossa energia vital e criativa enfraqueceu-se que precisamos nos refugiar nesses pensamentos sombrios. Os delírios mortíferos das religiões ou dos fanatismos, mas também os excessos de toda sorte – violência, drogas, dependências passionais ou químicas – se explicariam então por essa fraqueza constitutiva que impede o esgotado de se inventar e de se dominar, e que o obriga a procurar excitações sempre mais potentes para se sentir com vida.

> "Eu primeiro preciso ensinar que o crime, o celibato e a doença são consequências do esgotamento..." (*Fragmento póstumo de 1888*, 15 [13]).

A dureza com a qual Nietzsche parece tratar os "fracos", os quais ele chama às vezes de "decadentes", ou mesmo de "degenerados", é quase insuportável. Adversário da piedade e da compaixão cristã, Nietzsche parece defender a crueldade e a intransigência em relação a toda forma de vida "declinante" para proteger a vida "ascendente". Podemos mesmo perceber acentos eugenistas nas declarações mais estrondosas de Nietzsche.

> "Os fracos e os fracassados devem perecer: primeiro princípio de *nossa* filantropia. E devemos ainda ajudá-los" (*O anticristo*, 2).

Pode-se estremecer ao ler este texto (e é certamente o efeito procurado). Se alguém se sentir fraco e ultrapassado pela vida, se alguém for incapaz de afirmá-la, não tem outra alternativa senão desaparecer? Isso significaria que é impossível curar nossas ideias niilistas por outras mais vivificantes, porquanto é nossa fraqueza constitutiva que nos condena a tanto. Toda reforma filosófica seria então impotente se não fosse acompanhada de uma seleção eugênica, deixando de lado os fracos e os fracassados. Compreende-se por que alguns puderam ver em Nietzsche um precursor do nazismo.

Ter medo de acordar

Em vez de reformar nossas ideias e nossos valores, será que devemos nos contentar em "perecer", em levar às últimas consequências o instinto de autodestruição que se exprime na nossa fraqueza? Um dos objetivos de Nietzsche é mostrar-nos que a consequência inevitável de nosso niilismo, de nossa recusa *teórica* da vida, só pode ser sua negação *efetiva*. Nietzsche nos dirige assim uma advertência para nos fazer reagir. A coerência nos obriga a levar nosso niilismo até a aniquilação *ou então* a abandoná-lo, buscando nos fortalecer e recuperar o gosto pela vida. Enunciar que os fracos devem "perecer" é colocarmo-nos diante de uma escolha. É incitar-nos a escolher a vida, mostrando-nos que tomar o partido da fraqueza equivale a escolher a morte. A fraqueza, a decadência e a "degenerescência" não são, portanto, fatalidades. Nietzsche reconhece-se a si próprio como um decadente que, justamente, pode tornar-se o médico da doença do niilismo, porque ele próprio foi por ela acometido.

> "Pois, aparte o fato de eu ser um decadente, sou também o contrário, prova disso, entre outras, é que instintivamente sempre escolhi os remédios adequados contra os estados precários de saúde: ao passo que o decadente escolhe sempre os remédios que o prejudicam" (*Ecce homo*. "Porque eu sou tão sábio", 2).

Existem, portanto, *remédios* contra a decadência, tônicos contra a fraqueza e o esgotamento. A força e a fraqueza não são estados fixos, gravados em mármore, mas maneiras de *gerir* a própria força, acumulá-la ou despendê-la. Nietzsche sustenta que existem métodos simples e cotidianos para economizar e, portanto, aumentar as próprias forças em vez de dilapidá-las. Devemos nos afastar das grandes interrogações metafísicas e ideológicas para nos interessar pelas pequenas coisas da vida, pelos nossos hábitos cotidianos.

Carecer de vontade é carecer de uma grande paixão

O que entendemos pela fraqueza, pela decadência? Nós geralmente vemos a fraqueza como uma falta de *vontade*, como a incapacidade de tomar decisões firmes e mantê-las. Ser fraco seria, ao mesmo tempo, não ter vontade suficiente para resistir às tentações e distrações, e não ter vontade suficiente para realmente empreender uma ação positiva. Nietzsche, no entanto, acredita tão pouco no conceito de vontade quanto no conceito de liberdade, malgrado sua noção de *vontade de potência*. Se ele diz, em um primeiro momento, que não existe liberdade da vontade, mas somente vontades fortes ou fracas, ele concede imediatamente que isso também é apenas uma imagem:

> "Fraqueza da vontade: uma analogia que pode induzir em erro. Pois não existe nenhuma vontade, e, por conseguinte, tampouco nenhuma vontade forte ou fraca. A diversidade e a desagregação dos impulsos, a falta de sistema dentre eles têm por resultado a 'vontade fraca'; a coordenação desses impulsos, sob a predominância de um dentre eles, resulta na 'vontade forte'; no primeiro caso, é a oscilação e a falta de centro de gravidade, no último caso é a precisão e a clareza da direção" (*Fragmento póstumo de 1888*, 14 [219]).

A vontade não é, portanto, uma faculdade autônoma, um piloto ou uma torre de controle que controla – ou não – nossa caótica vida interior, feita de pulsões, instintos, desejos, fraqueza, assim como de força. A fraqueza, portanto, tampouco é uma qualidade intrínseca, um defeito congênito dessas forças interiores. A força e a fraqueza são antes maneiras de *organizar* essa vida pulsional interior. Quando nossas pulsões estão estruturadas e se organizam em um sistema coerente, nós somos *fortes* e temos a impressão de termos uma vontade forte. Quando, ao contrário, nossas pulsões estão desorganizadas, combatem-se umas às outras e assim se anulam mutuamente, nós nos tornamos fracos, não somente porque a força de nossas pulsões não se combina para criar uma força maior em vez de se espalhar, mas também porque a guerra perpétua entre nossas pulsões acaba por nos esgotar.

Aprender a resistir para se recolher

Vemos assim duas características da fraqueza: a incapacidade de resistir a um impulso ou a uma excitação, o que conduz a desperdiçar a própria energia a cada oportunidade, e a anarquia das pulsões, que, em estado de guerra umas contra as outras, não podem se unir para se fortalecerem. Essas duas patologias – superexcitabilidade e anarquia pulsional – têm um só remédio: a *lentidão*. Devemos aprender a sermos lentos para nos tornarmos fortes. Em um primeiro momento, a lentidão nos permite diferir nossa reação às múltiplas excitações que nos agridem, e nos preserva do desperdício inútil de nossa energia. Em um segundo momento, a lentidão – tal como uma barragem que, retendo uma torrente, decuplica sua potência – obriga nossa energia a se acumular, a se concentrar e a se intensificar, e permite o surgimento de um instinto dominador. Assim, pode surgir uma pulsão principal que põe a seu serviço todas as outras e as harmoniza.

> "Como se tornar mais forte: decidir lentamente, e ater-se obstinadamente ao que se decidiu. Todo o resto se segue. O *súbitos* e os *mutáveis*: as duas espécies de fraco. Não se confundir com eles, sentir a distância – na hora certa!" (*Fragmento póstumo de 1888*, 15 [98]).

O enunciado desta regra de vida fundamental que é a *lentidão* é acompanhado por um diagnóstico de fraqueza. Este último seria a consequência de uma forma de *distração*, de *dissipação*, de *irritação* perpétua. Por um lado, não conseguimos nos engajar em um projeto de longo prazo, porque somos incessantemente solicitados por pequenas distrações. Por outro lado, dilapidamos nossa energia em todas essas pequenas coisas que nos irritam e nos fazem reagir desmesuradamente. Pensamos nessas crianças hiperativas, que não conseguem se concentrar na escola porque são incessantemente agitadas por algum impulso. Ou ainda nessas pessoas que não podem viver um minuto de silêncio e sentem a necessidade de serem continuamente capturadas por um aparelho de televisão, uma conversa telefônica, um videogame. O que a moral tradicional chamava de *vício* traduz na realidade esta mesma patologia: a incapacidade de resistir a um impulso ou de retardar uma reação, ceder imediatamente a um desejo sexual ou a um acesso de cólera, em vez de deixar amadurecer as próprias paixões, fazendo-as crescer na direção certa.

A força de não fazer nada

Nietzsche insiste, portanto, neste paradoxo: ser fraco, não é ser incapaz de agir, é ser incapaz *de não* agir. Para nos tornarmos fortes, nós devemos aprender *a não fazer nada* – e é precisamente isso que o fraco não sabe.

> *"Sobre a higiene dos fracos* – Tudo o que é feito na fraqueza é falho. Moral: não fazer nada. Somente, o problema é que é precisamente a força de suspender a ação, de não reagir, que é a mais fortemente atingida sob a influência da fraqueza: nunca se reage mais rapidamente, mais cegamente do que quando não se deveria reagir de maneira alguma...
>
> "A força de uma natureza se mostra na espera e no deixar a reação para o dia seguinte" (*Fragmento póstumo de 1888*, 14 [102]).

Toda educação consiste em aprender essa lentidão – essa capacidade de diferir a reação – por uma forma de *inibição* que se impõe a si mesmo. Não se trata de uma *inibição* para não gozar, mas para gozar mais tarde e, portanto, mais forte. Assim, a *estupidez* e a vulgaridade consistem essencialmente em uma maneira de reagir demasiado rapidamente, de qualquer maneira, sem ter tempo para se deixar impregnar por suas impressões e para deixar amadurecer a própria reflexão. Só se percebe os detalhes e as sutilezas de uma coisa se se suspende o próprio julgamento e se se abandona passivamente à contemplação. Nada o ilustra melhor do que a percepção de uma obra de arte. Enquanto o vulgar exclama imediatamente "que porcaria" ou "que maravilha", o conhecedor exagera seu ceticismo e a distância para se deixar cativar melhor pelas forças mais escondidas da obra. Em seu projeto de reforma da educação, Nietzsche sugere então que a primeira tarefa da escola seja *aprender a ver*.

> "Aprender a *ver* – habituar o olho à calma, à paciência, ao deixar-vir-a-si; diferir o julgamento, aprender a dar a volta ao caso particular e a apreendê-lo de todos os lados. Tal é a preparação para a vida do espírito: *não* reagir de imediato a uma excitação, mas, ao contrário, controlar os instintos que entravam, que isolam. Aprender a *ver*, como eu o entendo, é quase o que a maneira não filosófica de falar chamada de vontade forte: seu traço essencial é justamente *não* querer, *poder* suspender a decisão. Toda ausência de espírito, tudo o que é comum repousa na inaptidão para opor resistência a uma excitação – *deve-se* reagir por necessidade, segue-se cada impulso. Em muitos casos, uma tal necessidade é já disposição doentia, declínio, sintoma de esgotamento – quase tudo o que a grosseria não filosófica designa pelo nome de 'vício' é pura e simplesmente essa incapacidade fisiológica de *não* reagir" (*O crepúsculo dos ídolos*. "O que abandona os alemães", 6).

O que Nietzsche chama de *força* é, portanto, exatamente o contrário do que se pode primeiro imaginar. Esta não é a brutalidade imediata, a agressividade gratuita, a demonstração ostentatória da "besta loira" – ainda que Nietzsche chegue a exaltá-la –, mas a grande paixão que soube se inibir para atingir a sua plena maturidade.

Ter a paciência de uma mulher grávida

Não é por acaso, aliás, que a imagem escolhida para ilustrar essa força lenta não seja masculina, mas *feminina*. Deixar a força se acumular em si, deixar despontar e amadurecer uma ideia ou um projeto, é como viver uma *gravidez*.

> "Que o ser esperado seja um pensamento ou uma ação, – perante toda realização essencial não temos outra atitude possível além da gravidez, e deveríamos espalhar ao vento as pretensiosas expressões 'querer' e 'criar'! (*Aurora*, V, 552).

A verdadeira atividade surge, portanto, de uma passividade profunda. Devemos ter a paciência para não fazer nada durante o tempo em que nossa força cresce até que nossa ação dê à luz a si mesma. É então a inação que dá origem à ação. E é preciso saber ser tão determinado em uma quanto na outra.

> "Desconfiem dos meios-quereres: sejam decididos, tanto na preguiça como no ato. E quem quiser ser relâmpago deve permanecer, por muito tempo, uma nuvem" (*Fragmento póstumo de 1883*, 17 [58]).

Agir demais, e rápido demais, pode justamente nos levar a abortar o nosso ato.

> "*Razões da infertilidade.* – Há espíritos com dons eminentes que são estéreis para sempre, porque uma fraqueza de seu temperamento os torna demasiado impacientes para esperar o termo de sua gravidez" (*Humano, demasiado humano*, II, 1, 216).

Ora, esperar um recém-nascido, estar grávido de alguma coisa, é saber que se dará à luz algo mais forte e maior do que nós. Atravessar uma gravidez é aprender que podemos ser movidos por uma força que não depende de nossa vontade, nem mesmo de nossos esforços. E assim como uma mulher grávida, o artista em gestação sabe que sua força criativa não é somente a simples consequência de seu esforço voluntário. De onde vem essa força suplementar?

Herdar os esforços de nossos ancestrais

Assim como a força deve lentamente se concentrar durante nossa vida para enfim eclodir, ela também se acumula durante várias gerações. Somos todos herdeiros da energia que nossos ancestrais pouparam ou desperdiçaram. É nessa transmissão de forças, de esforços, de renúncias, de sonhos e de frustrações que é preciso pensar quando Nietzsche fala de "raça" e nunca em uma classificação étnica.

> "Em geral, *cada coisa vale tanto quanto se pagou por ela*. Evidentemente isso não se aplica quando tomamos o indivíduo de

maneira isolada: as grandes capacidades do indivíduo são incomensuráveis com o que ele mesmo empreendeu, sacrificou, sofreu para obtê-las. Mas se alguém examinar a pré-história da sua família, descobrirá a história de uma formidável poupança e acumulação de capital de força, por toda sorte de renúncias, lutas, trabalhos e vitórias. É porque um grande homem *custou* tanto, e *não* porque ele chega pelo milagre de um 'dom do céu' ou de um 'acaso', que ele se tornou grande. 'Hereditariedade' é um conceito falso. Nossos ancestrais pagaram pelo que nós somos" (*Fragmento póstumo de 1887*, 9 [45]).

Para Nietzsche, os debates habituais em torno do inato e do adquirido, a importância relativa do dom natural e do esforço nas grandes realizações, partem de uma oposição estéril. Tudo é adquirido, porque o que herdamos de nossos ancestrais foi adquirido por eles. Há apenas o esforço que produz frutos, porque o talento ou o dom com o qual nascemos é apenas a colheita dos esforços semeados pelos nossos predecessores. De um ponto de vista biológico, Nietzsche se engana, pois ele parece afirmar a *hereditariedade dos traços adquiridos*, cara a Lamarck, mas formalmente refutada pela biologia moderna. Todavia, é em um nível mais existencial, cultural e íntimo que nós vemos os herdeiros dos sonhos e dos esforços de nossos ancestrais. Estamos imersos, desde a nossa mais tenra idade, nos saberes, nas anedotas, nos gostos, nas paixões, nos hábitos, na disciplina e até mesmo na lassidão ou no desgosto adquiridos pelos nossos pais. Constata-se que as ascensões sociais, como as integrações em uma nova cultura, escalonam-se em várias gerações antes de serem concluídas.

Devemos, portanto, nos perguntar: qual é a força herdada do passado que está adormecida em mim? O que meus ancestrais, meu ambiente e minha história me legaram que eu poderia transformar em uma força totalmente pessoal? De que alguém se privou para que eu disso pudesse hoje desfrutar? Em que meus ancestrais treinaram a fim de que eu o saiba hoje com perfeição?

Escolher a própria filiação

Esses ancestrais, nos quais é preciso haurir forças, são tampouco para Nietzsche uma noção biológica quanto raça é uma noção étnica. Nossa filiação, nossas pertenças são, sobretudo, linhas *eletivas*, *imaginárias*. Em *Ecce homo*, Nietzsche declara que é "com os pais que se tem menos parentesco". Além disso, Nietzsche insiste no fato de que ele é polonês e não alemão, quando ele adota um modo de vida mediterrâneo, piemontês e provençal. Mesmo Wagner, o ultranacionalista alemão, na realidade não tem nada de alemão, ele afirma, a sensibilidade francesa se exprimindo com muito mais naturalidade em sua música do que a pomposa cultura alemã...

Onde quer que procuremos, onde quer que imaginemos nossa linhagem, nosso parentesco, nossa "raça", devemos nos apoiar em uma herança, em uma força legada. Não podemos nos realizar sozinhos, com nossos parcos recursos, mas devemos colher no passado as sementes que eclodirão em nosso futuro. Essa germinação do que foi semeado outrora será um evento súbito e imprevisto. Porquanto somos todos vulcões em potencial, que esperam a explosão que dorme em nós.

> "Todos nós temos em nós jardins e plantações escondidos; e, para utilizar uma outra imagem, todos nós somos vulcões em formação que conhecerão sua hora de erupção" (*A gaia ciência*, I, 9).

Uma vez que a força esteja suficientemente acumulada em nós, devemos aprender como despendê-la sem desperdiçá-la com hesitações, excessos, estradas falsas e combates vãos. É preciso que aprendamos a fazer escolhas determinadas, a ter gestos seguros e intuições justas, a harmonizar as pulsões que nos agitam.

Ação filosófica

1) Tente encontrar a fraqueza que você busca esconder atrás de seus grandes princípios morais, suas reivindicações ideológicas tonitruantes (se você tiver alguma). Quando você culpa os outros de alguma coisa, qual é o defeito pessoal que você quer mascarar? Tente corrigir esse defeito, curar essa fraqueza em vez de culpar os outros, melhore-se em vez de condenar o mundo e de amaldiçoar a vida.

2) Cada vez que você encontrar uma dificuldade, uma resistência, uma mágoa, pergunte-se em que essa dificuldade pode fazê-lo avançar, torná-lo mais forte, em que o estrume da vida também pode ser seu fertilizante. Tente apreender cada *azar* como uma *oportunidade*, como uma ocasião para testar novas formas de viver, agir e pensar.

3) Quando você tiver a impressão de que seus esforços não têm êxito, de que você não é eficaz malgrado toda a sua agitação, tente mudar de registro, de velocidade: tente agir mais *lentamente*. Constate em que o gesto lento é um gesto mais seguro, e, portanto, mais forte. Experimente a que ponto a lentidão obriga cada um de seus atos a acumular energia e, portanto, pesar mais.

4) Do mesmo modo, não se precipite quando tiver que tomar uma decisão. Não tenha pressa, não hesite em adiar para o dia seguinte. Não tenha medo de que essa lentidão augure uma indecisão crônica. Tenha confiança no processo inconsciente de tomada de decisão que fermenta em você e não tente perturbá-lo com sua impaciência ou sua vontade.

5) Cada vez que você sentir um desejo ou uma vontade, resista, não tenha vergonha de ser inibido, de rechaçá-los como um dique retém uma torrente. O objetivo não é aniquilar esse desejo, trata-se ao contrário de reforçá-lo por essa inibição, de torná-lo irresistível de tanto tê-lo resistido.

6) Tente *não fazer nada* durante algumas horas, alguns dias ou mesmo algumas semanas. Não busque uma escapatória em

um divertimento, fique em um repouso, um nada total. Observe como a energia ressoa em você e a resista tanto quanto possa, até que você não aguente mais, até que você esteja a ponto de explodir como um vulcão. Siga essa estratégia particularmente quando estiver em fases de dissipação, superatividade ou dúvida.

7) Que força você herdou do passado? Quais são os talentos, os esforços, os sonhos que seus pais o legaram? Tente sempre construir seus projetos com uma força que já existe, com uma energia transmitida que se encontra adormecida em você. Ela não vem forçosamente da sua família, do seu país, mas de uma tradição eletiva e talvez imaginária. Seguir uma tradição não significa obedecê-la cegamente. Essa tradição pode, ao contrário, dar-lhe força para derrubá-la completamente, para criar sua revolução pessoal, cujo brilho, no entanto, vem do que ela derruba.

Transformar os próprios pensamentos em instintos

Libertar-se do domínio da moral e das tradições é uma primeira etapa necessária na conquista de si. Impondo-nos os valores do rebanho, a moral nega a nossa singularidade e, condenando a realidade e as aspirações da vida, ela nos separa de nossa força vital. Mas essa libertação constitui apenas uma primeira etapa, nós devemos ainda nos libertar dessa libertação mesma.

> "Por último, minha cara Lou, esta antiga e muito íntima injunção: *torne-se o que você é!* Sentimos primeiro a necessidade de nos libertarmos de nossas correntes, e, finalmente, falta-nos ainda nos *libertar* dessa emancipação! Cada um de nós deve suportar esta *doença das correntes*, mesmo depois de tê-las quebrado" (Carta a Lou Salomé, final de agosto de 1882).

Com efeito, nossas correntes nos marcam perpetuamente, e nosso corpo guarda a impressão de seus elos. A violência da moral e das tradições nos feriu, mas, como nos acostumamos a essa restrição que nos esculpiu e nos serviu de escoramento, a libertação das restrições da moral constitui uma *segunda* violência que deixa marcas igualmente profundas. Constatamos então que titubeamos sem o apoio da moral, que não podemos nos manter vivos sem ela – mesmo sabendo que ela é apenas um tecido de mentiras.

> "A besta que está em nós quer ser enganada: a moral é essa mentira de emergência que nos permite não sermos dilacerados. Sem os erros que comportam as hipóteses da moral,

o homem teria permanecido animal" (*Humano, demasiado humano*, I, 2, 40).

Com efeito, a moral tem o mérito de propor uma *hierarquia* de nossas pulsões e de assim organizar nossa vida interior, disciplinando nossa energia. Se um tal sistema de preceitos, proibições e princípios nos enfraquece, ele, ao mesmo tempo, nos fortalece, canalizando e estruturando nossas pulsões. A moral é como um molde que forma e define os homens. Será que o homem poderá ficar de pé uma vez que se tenha removido esse escoramento?

A força de caráter é uma forma de estupidez

O livre-pensador – aquele que busca criar seus próprios valores, inventar sua própria moral individual – tem uma enorme desvantagem diante do homem ligado à tradição – aquele que obedece cegamente a códigos e valores rígidos. De certo ponto de vista, o homem amordaçado pela moral é estúpido e limitado: ele não pensa por si mesmo. Ele ignora todas as outras maneiras de viver possíveis e se refugia em um repertório muito limitado de ações e de escolhas. No entanto, é essa estupidez mesma que lhe dá força: o homem tradicional não hesita em suas decisões, ele age por automatismos, uma vez que os preceitos morais inculcados pela educação, repetidos à saturação, foram transformados em *instintos*. O que se chama de *força de caráter* nada mais é do que essa restrição das possibilidades de ação que, libertando-nos dos tormentos da escolha e uniformizando nossos atos, dá a impressão de um caráter marcado e bem definido.

> "É a escravidão das opiniões, transformada em instinto pelo hábito, que conduz ao que chamamos de força de caráter. Quando um homem age sob o efeito de motivos pouco numerosos, mas sempre os mesmos, essas ações adquirem uma grande energia; se essas ações se encontrarem de acordo com os princípios dos espíritos subjugados, elas são aprovadas, e fazem incidentalmente nascer no autor um sentimento de boa consciência. Motivos pouco numerosos, uma conduta enérgica e uma boa consciência, eis o que constitui o que chama-

mos de força de caráter. O conhecimento das possibilidades e direções múltiplas da ação inexiste nesse caráter forte; sua inteligência carece de liberdade, ela está escravizada, porque só lhe mostrará, em um determinado caso, digamos, duas possibilidades. É então entre elas que ele é obrigado a escolher, necessariamente e em conformidade com a sua natureza inteira, e o fará fácil e rapidamente, não tendo que escolher entre cinquenta possibilidades" (*Humano, demasiado humano*, I, 5 228).

Assim como a lentidão, a limitação das possibilidades acumula e armazena energia – as proibições morais sendo como diques que obrigam a torrente pulsional a se concentrar em uma só direção. O homem da tradição será assim sempre mais forte do que o livre-pensador que desperdiça sua energia na exploração das possibilidades de ação, na avaliação das consequências de seus atos, na busca das razões e das justificações do seu comportamento. A doutrinação moral, sua disciplina cruel e arbitrária, nos conduz assim a adotar decisões mais firmes e gestos mais seguros e energéticos.

Ser livre é ser mais frágil

Este estado de coisas parece assim levantar uma barreira intransponível a todo desejo de inovação, renovação ou deposição de valores antigos. Porquanto a pesquisa, a experimentação e a dúvida forçosamente nos dispersam e nos desconcentram. Elas nos fazem perder a segurança intuitiva necessária a toda ação decisiva. Há uma perda de energia na reflexão, na hesitação, nas tentativas falhadas: nossa mão será mais trêmula, imprecisa. A questão se coloca então: como nós, pesquisadores, inovadores, experimentadores individualistas e singulares, podemos ganhar a mesma energia, a mesma segurança, a mesma intuição instintiva que a daqueles que seguem cegamente uma tradição?

"Comparado àquele que tem a tradição do seu lado e não tem necessidade de razões para fundamentar seus atos, o espírito livre é sempre fraco, sobretudo nos seus atos; pois ele conhece demasiados motivos e pontos de vista e tem a mão hesitante, mal desenvolvida. Que meios há agora para torná-lo, mesmo assim, *relativamente forte*, de sorte que possa pelo menos se afirmar e não se perder inutilmente? Como nasce o espírito forte? [...] De onde vem a energia, a força inflexível, a resistência com as quais o indivíduo, contra a corrente da tradição, tenta adquirir um conhecimento totalmente pessoal do mundo?" (*Humano, demasiado humano*, I, 5, 230).

Para dar uma chance à inovação e à singularidade perante a marreta da tradição e da moral, é, portanto, necessário tornar nossos pensamentos *instintivos*. É preciso dar-lhes, por sua vez, a força do hábito e do automatismo. Nossa cultura tem a particularidade de desconfiar do instinto e de supervalorizar a razão. Ela nos recomenda estarmos "conscientes" de tudo e mais alguma coisa, e vermos a inconsciência como uma tara infantil, um sinal de irresponsabilidade. Ora, podemos facilmente constatar que nossas melhores ações são sempre feitas em um estado de inconsciência e que somente temos necessidade da consciência quando não conseguimos fazer alguma coisa, quando buscamos pistas para explicar nosso fracasso, quando tateamos para encontrar a maneira correta de agir ou, pior, quando não sabemos o que queremos.

> "Em toda tomada de consciência se exprime um mal-estar do organismo: é preciso tentar algo novo, nada está pronto o bastante para isso, aí se encontram esforços dolorosos, tensão, superexcitação – *é* justamente tudo isso, a tomada de consciência... O gênio reside no instinto: a bondade também. Só se age de maneira madura quando se age instintivamente" (*Fragmento póstumo de 1888*, 15 [25]).

Assim, só o pianista novato deve a todo momento estar *consciente* de sua partitura e de seus dedilhados. Quando dominar sua peça, já não pensará nela, todo o aspecto técnico de sua execução executando-se de maneira automática e inconsciente. O playmaker de um time de futebol não tem tempo para fazer uma análise estratégica da posição dos jogadores para saber a quem dirigir seu passe. Ele incorporou essa análise e decide de maneira inconsciente e intuitiva.

A sabedoria do corpo

Toda excelência, toda eficácia repousa, portanto, em instintos inconscientes. A razão disso é simples: as neurociências nos mostram hoje que há um intervalo considerável entre a atividade cerebral e sua tomada de consciência. A consciência chega sempre demasiado tarde, quando a ocasião de agir já passou. Quando o jogador de futebol se torna consciente de uma oportunidade de gol, o jogo já mudou. Ele deve, portanto, atacar *antes* de estar consciente disso, de uma maneira intuitiva, por reflexo ou por premonição.

Devemos, portanto, admitir que o nosso *corpo*, o nosso *inconsciente*, as nossas *pulsões* sabem melhor do que a nossa consciência o que é bom para nós. Ao contrário do que a tradição cristã nos ensinou, o corpo não é um mero instrumento a serviço da alma. Ao contrário, a alma, a consciência e a razão são apenas os utensílios do corpo. Este sabe instintivamente o que lhe convém, pois é essencialmente atividade e não uma simples representação esquemática e redutora, como os produtos da mente.

> "Mas aquele que está acordado, aquele que sabe, diz: 'eu sou corpo de um lado ao outro, e nada fora isso; e a alma é apenas uma palavra para algo que pertence ao corpo.
>
> O corpo tem razão, uma grande razão, uma multitude que tem *um* só sentido, uma guerra e uma paz, um rebanho e um pastor.
>
> Sua pequena razão, também ela, meu irmão, que você chama de 'mente', é um utensílio do seu corpo, um pequeno utensílio, um joguete da sua grande razão.
>
> 'Eu', você diz, e você tem orgulho dessa palavra. Mas o que é maior, no que você não quer acreditar – seu corpo e sua grande razão: ele não diz 'eu', mas ele o faz" (*Assim falava Zaratustra*, I. "Dos desprezadores do corpo").

A todo instante, o corpo efetua operações extremamente complexas, como a digestão, a visão, a audição e a regulação de todo o metabolismo, que a consciência seria incapaz de executar ou mesmo entender. É preciso então admitir que o corpo é *mais inteligente* do que a consciência, infinitamente mais sutil, mais fino, mais perceptivo: deve haver uma *sabedoria* do corpo.

Incorporar o próprio saber

Para atenuar a fraqueza do homem que reflete, para curar a indecisão e a dispersão do livre-pensador, devemos transformar nossos pensamentos em instintos, *incorporar* nosso saber.

> "Se o grupo conservador dos instintos não a superasse infinitamente em potência, se não exercesse no conjunto um papel regulador: a humanidade pereceria inevitavelmente desses julgamentos a contrassenso e de sua maneira de sonhar acordado, de sua falta de profundidade e sua credulidade, em suma, precisamente de sua consciência. [...] *Incorporar o próprio conhecimento* e torná-lo instintivo, essa é sempre uma *tarefa* absolutamente nova, que o olho humano está apenas começando a perceber, que mal se pode identificar com clareza, – uma tarefa que só percebem aqueles que compreenderam que, até agora, só incorporamos nossos *erros* e que toda nossa consciência só concerne a erros" (*A gaia ciência*, I, 11).

Como incorporar o próprio saber, como torná-lo instintivo? Devemos primeiro cessar de intervir em nossa vida instintiva e deixar-lhe a liberdade de florescer encontrando os seus próprios caminhos. Em seguida podemos nos treinar para adormecer o controle incessante da consciência e para despertar e depois refinar nossos instintos.

Espiritualizar e não explicar as próprias paixões

A paixão pode nos cegar, nossos instintos podem ser bestiais e inadequados para a vida em sociedade. Nesse caso, observa Nietzsche, o problema não é a paixão em si mesma, mas sua *estupidez*. As paixões, os instintos e as pulsões são necessárias para a vida, e são mesmo a sua expressão mais profunda. Querer combatê-los por causa de sua estupidez em vez de combater essa estupidez mesma revela então uma estratégia suicida.

"Todas as paixões têm uma época na qual são simplesmente funestas, na qual arrastam suas vítimas para o fundo de todo o peso da estupidez – e uma mais tardia, infinitamente mais tardia, na qual desposam o espírito, se 'espiritualizam'. Outrora, por causa da estupidez da paixão, fazia-se a guerra contra a própria paixão. [...] Aniquilar as paixões e os desejos, com o único propósito de impedir sua estupidez e as consequências desagradáveis de sua estupidez, parece-nos mesmo hoje pura e simplesmente uma forma aguda de estupidez. [...] A Igreja combate a paixão pela ablação em todos os sentidos da palavra: sua prática, seu 'tratamento', é o *castratismo*. Ela nunca coloca a questão: 'Como se espiritualiza, embeleza, diviniza um desejo?' [...] Mas atacar as paixões na raiz significa atacar a vida na sua raiz: a prática da Igreja é hostil à vida" (*O crepúsculo dos ídolos*. "A moral como contra-natureza", 1).

Como os instintos e as paixões são a seiva mesma da vida, não se deve destruí-los atacando-os na raiz. É preciso torná-los inteligentes, *espiritualizá-los*. Como fazê-lo? Uma segunda tradição pretende curar a estupidez das paixões tornando-as *razoáveis*. Espinosa mantinha que uma paixão, desde que ela seja compreendida racionalmente, se transforma em uma ação, tanto mais potente quanto esteja fundada em um conhecimento adequado. Antes dele, Sócrates nos convidou a examinar o fundamento racional de nossas crenças, implicando que uma ideia que não possa ser justificada por argumentos não tem o menor valor. Ora, Nietzsche observa:

"Um instinto se enfraquece quando é racionalizado: porque o fato de ser racionalizado o enfraquece" (*O Caso Wagner*. Posfácio).

Sócrates desconfiava do aspecto claro-escuro dos instintos e exigia que fossem todos dissecados em plena luz. Mas pelo fato de ser levado à luz da razão, o instinto cessa de ser um instinto. O instinto tira justamente sua força do fato de ser subterrâneo, irracional, incompreendido; de poder abrir caminho secreto e imprevisível lá onde a razão erigiria grandes projetos. Racionalizar um instinto é precisamente traduzi-lo em conceitos abstratos, genéricos, enformados, que por isso carecem forçosamente da sutileza do instinto.

Não tentar se justificar

Perante o fetichismo da razão, impessoal e desapaixonado, perante esse culto da luz ofuscante que deveria aclarar todos os recantos de nossa alma, devemos, ao contrário, proteger a obscuridade e a irracionalidade de nossa vida passional e instintiva. Sobretudo, não se perguntar qual seja a razão dos próprios atos! Sobretudo, não tentar explicar a causa dos próprios desejos! Sobretudo, não tentar se justificar! Porquanto inevitavelmente destruiríamos nossa lógica intuitiva. O prazer malicioso de se dar razões comporta sempre uma parte de má-fé: as coisas boas da vida *não têm necessidade* de justificação, elas são boas nelas mesmas, sem ter necessidade de um motivo para sê-lo. Querer justificar-se é sempre uma maneira de mentir para si mesmo, mascarando o próprio desejo real por uma intenção factícia. Nossas verdadeiras razões de agir nunca são tão simples quanto o deixam entender as explicações que a razão é capaz de dar.

> "Alguém começaria a duvidar de um homem do qual se ouviu dizer que precisa de *razões* para ser decente: é certo que evitaríamos sua companhia. A palavrinha 'porquê' compromete em certos casos; até mesmo se *refuta* por um único 'porquê'. Se ouvimos ademais que um tal aspirante à virtude precisa de *más* razões para ser decente, isso não é ainda uma razão para aumentar nosso respeito" (*Fragmento póstumo de 1888*, 14 [112]).

Para proteger nossos instintos e deixá-los florescer, devemos nos permitir o luxo de uma certa inconsciência e de uma certa despreocupação. Compete-nos não buscar impor um esquema racional a nossas aspirações, não querer colocar nossos desejos em caixas, dar-nos o direito de sermos irracionais assim como o de sermos irresponsável. Por isso, por vezes é necessário saber *fechar* as portas da consciência, *ordenar-se* o esquecimento e uma certa forma de estupidez. É assim necessário esvaziar a própria consciência para não perturbar nossa vida instintiva.

Como vimos, nada melhor do que o esquecimento deliberado para combater os horrores do rancor, do ressentimento e do desejo de vingança. O esquecimento não é somente uma tara passiva, é também uma estratégia ativa. Convém agora estender este princípio: para além das agressões exteriores, o esquecimento protege nosso inconsciente das agressões da nossa própria consciência, isto é, da nossa razão inquisidora que busca prestar contas, domar e racionalizar nossos instintos.

Prescrever-se uma dose de estupidez transitória

Diante da avalanche de questões, dúvidas, tentativas de justificação que nos assaltam a todo momento, a barreira do esquecimento é um verdadeiro benefício. A força de caráter é precisamente essa forma de cegueira parcial, de rejeição deliberada dos questionamentos e das possibilidades.

> "Uma vez tomada a decisão, permanecer surdo mesmo aos melhores contra-argumentos; sinal de caráter forte. Então, uma vontade de ser estúpido, ocasionalmente" (*Além do bem e do mal*, IV, 107).

Reencontramos aqui o paradoxo que inaugurou este capítulo. Toda ação decidida, toda força implica uma forma de estupidez, de restrição de perspectiva, de limitação de possíveis, como diques que canalizam a energia. Esse é o mérito da moral. Ela impõe uma restrição, por mais arbitrária que seja, que concentra em uma única direção nossa força vital. Se a inteligência quer se tornar forte, ela deve igualmente aceitar em seu seio uma parte de estupidez transitória. Se quisermos explorar todos os possíveis, precisamos de força para ir até o fim desses possíveis. Isso supõe que possamos momentaneamente excluir todos eles para nos atirarmos em um só dentre deles. Nesse sentido, uma forma de estupidez é a condição de uma inteligência que vai até o fim do que ela pode.

A escravidão como exercício

Toda forma de excelência, seja artística, científica ou esportiva, implica fechar-se temporariamente a qualquer outro interesse, submeter-se a regras estritas e arbitrárias, repetir incansavelmente os mesmos procedimentos, por mais idiotas que sejam: repetir escalas ou lances de bola, vasculhar até o mínimo detalhe uma literatura especializada, desenhar servilmente cópias de obras-primas. Cada vez, o ganho é idêntico. Pelo embrutecimento de nossa força reflexiva, pelo adormecimento da consciência, o próprio gesto se infla dessa inteligência da qual a nossa consciência está privada. Tornando-se intuitivo, o movimento percebe nuances que nossa consciência não pode ver, o *corpo* começa a pensar sem a ajuda da mente. Se há um traço a reter das morais e das tradições, é, portanto, o seu aspecto mais condenável *a priori*: o fato de ser uma disciplina arbitrária e tirânica.

> "Mas o fato singular é que tudo o que a terra tem e teve de liberdade, sutileza, ousadia, dança e segurança magistral, seja no próprio pensamento ou no governo, ou na arte de falar e persuadir, tanto nas artes quanto nas moralidades, só se desenvolveu graças à 'tirania dessas leis arbitrárias' [...] – essa tirania, essa estupidez arbitrária, rigorosa e grandiosa educou a mente; a escravidão é, ao que parece, no sentido mais grosseiro e mais sutil, o meio indispensável para disciplinar e elevar a mente também. Pode-se considerar toda moral sob esse ponto de vista: é a 'natureza' nela que ensina a odiar a negligência, a liberdade demasiadamente grande, e que implanta a necessidade de horizontes restritos, de tarefas tão próximas quanto possível – que ensina o estreitamento da perspectiva, e, portanto, em certo sentido, a estupidez, enquanto ela é uma condição de vida e de crescimento" (*Além do bem e do mal*, V, 188).

Nietzsche condena de modo inapelável a "negligência" para enaltecer uma forma de "escravidão" – qual seja o devotamento com o qual o sábio ou o artista se submete a regras arbitrárias. Paradoxalmente, a "escravidão" é aqui a condição da verdadeira liberdade. Esta não é o embaraço da escolha – embaraço que nos deixa justamente na incapacidade de escolher e, portanto, na impotência para agir. A liberdade é, ao contrário, saber transcender os limites severos que alguém impôs a si mesmo. O poeta inventa novas metáforas, porque as regras restritivas da versificação o obrigam a procurar mais longe. O ritmo do músico faz-nos esquecer o tempo hipnotizando-nos, porque ele se submete integralmente à lei da medida. A restrição liberta, porque – assim como a lentidão – ela canaliza e intensifica a energia, forçando-a a seguir por uma via estreita. No entanto, o ser humano sempre confundiu os sentimentos de liberdade e de potência. É quando sentimos nossa potência que nos sentimos livres. Mas nunca nos sentimos tão poderosos quanto quando estamos sob o efeito de uma necessidade.

> "*A necessidade* governa um indivíduo sob a forma das paixões, outro lhe é submetido no hábito de escutar e obedecer, para um terceiro ela é sua consciência lógica, para um quarto ela toma a figura de seu capricho, de seu gosto petulante por todas as diferenças. Ora, cada um desses quatro tipos busca justamente a *liberdade* de seu querer lá onde está mais solidamente acorrentado: é como se o bicho-da-seda buscasse sua liberdade apenas no fato de tecer seu casulo. De onde vem isso? Visivelmente de que cada um se creia mais livre quando seu *sentimento da vida* é mais intenso, ou seja, como vimos, às vezes na paixão, às vezes no dever, às vezes no conhecimento, às vezes no impulso caprichoso" (*Humano, demasiado humano*, II, 2, 9).

Podemos agora responder à questão inicial: uma vez libertos das correntes da moral, como nos libertarmos dessa libertação, como nos curarmos da "doença das correntes"? Deveríamos aprender a dançar nas correntes, como diz um célebre aforismo de *Humano, demasiado humano*. Só o peso das correntes pode nos ensinar a ligeireza do passo, a pirueta, a sutileza e a ironia da dança.

> "O que é essencial 'assim no céu como na terra', ao que parece, é, para dizê-lo outra vez, que se obedeça longamente e em uma única direção: isso acaba sempre por produzir, com o passar do tempo, alguma coisa que faz com que a vida na terra mereça ser vivida, por exemplo, virtude, arte, música, dança, razão e espiritualidade – algo de transfigurador, de refinado, de louco e de divino" (*Além do bem e do mal*, V, 188).

Após ter rejeitado as correntes anônimas da moral, essas correntes genéricas de um animal de rebanho, devemos achar nossas correntes totalmente singulares, nossa necessidade interior que não se assemelha a nenhuma outra. Precisamos descobrir nosso destino, nossa fatalidade, a paixão dominadora, que faz com que não nos contentemos em ser quem somos, mas que nos sintamos obrigados a nos tornar quem somos.

Ação filosófica

1) Será que você está habituado a uma disciplina muito rígida, a regras cotidianas restritivas ou a valores ou proibições que você respeita escrupulosamente? Tente, por alguns dias, livrar-se completamente dessas correntes. Você sente a sua falta? Você se sente desestabilizado, desorientado, não consegue mais se organizar e canalizar sua energia? Se você responder sim e acreditar ter necessidade do apoio de uma disciplina, você tem certeza de que é de suas velhas regras, de suas antigas correntes que você precisa? Ou você poderia, a partir de sua nova indisciplina e desorientação, conceber uma nova disciplina, um novo apoio *feito sob medida*?

2) Diante de uma decisão difícil, um caso de consciência, um luto a superar, tente *não* pensar sobre a questão, *não* revistar sua consciência. Em vez disso, confie em sua *grande razão*, no seu corpo. Descanse, durma, pratique esporte, alimente-se e proíba-se de remoer o problema. Então, depois de alguns dias, pergunte a si mesmo o que o seu corpo tem vontade de fazer. Talvez, pelo repouso e pelo exercício, seu corpo encontre os recursos para resolver o problema e levá-lo na direção certa.

3) Será que você sente a necessidade de encontrar uma explicação para o seu estado de espírito, suas emoções ou suas reações passionais? Você acredita dominar melhor suas paixões quando as racionaliza? Isso lhe acontece? Tente futuramente deixar suas emoções intactas, sem explicá-las. Em vez de tentar compreendê-las, pergunte a si mesmo o que você pode *fazer* com elas. O que você poderia produzir, criar, mudar em sua vida *graças* à energia dessa emoção, mesmo se ela for difícil?

4) Será que você passa muito tempo justificando os seus atos? Em vez disso, tente agir de modo a que você não tenha *necessidade* de se justificar, aja sempre de uma maneira tão precisa, que o ato se explique por si mesmo.

5) Treine-se para ter automatismos, para poder agir sem refletir e sem ter que se vigiar, com o objetivo de ter gestos, reflexos mais seguros, mais intuitivos. Ao impor a si mesmo restrições arbitrárias, e por que não lúdicas, tente dotar-se assim de novos *instintos*, de maneiras de agir que acabem fazendo parte de sua natureza.

Melhor se ignorar para melhor se encontrar

Conhecendo agora a importância que Nietzsche confere à lentidão e à inconsciência instintiva como vetores de força, podemos enfim compreender a originalidade de sua interpretação da máxima do poeta grego Píndaro: *"Torna-te quem tu és"*. A aparente contradição dessa injunção é impressionante: por que eu devo me tornar o que *já* sou, se não tenho a esperança de *mudar*, de me tornar *outro* que não sou? Por que, em vez de me contentar com o que *sou*, eu deveria visar um hipotético devir? Por sua contradição temporal, a injunção parece absurda e, portanto, ainda mais fascinante.

Será que é preciso conhecer a si mesmo para ser verdadeiramente quem se é?

Tentou-se resolver essa contradição abordando-a desde uma outra máxima grega, o *"Conhece-te a ti mesmo"* inscrita no frontão do Templo de Apolo em Delfos. Enquanto ignorarmos o nosso verdadeiro ser, parece dizer a tradição ocidental de Sócrates a Freud, ainda não somos nós mesmos. Um longo e paciente trabalho de rememoração, de tomada de consciência, de esclarecimento progressivo dos subsolos de nossa alma seria necessário para que pudéssemos acessar nossa verdadeira identidade. Poderíamos pensar que Nietzsche, reconhecido por Freud como seu precursor, de tanto que ele sublinha a importância do inconsciente na constituição de nossa identidade, adere aqui à vulgata psicanalítica. Com efeito, ele escreve:

> "Todos os nossos motivos conscientes são fenômenos de superfície: atrás deles está a luta de nossas pulsões e condições, a luta pelo poder" (*Fragmento póstumo de 1885*, 1 [20]).

Será que encontrar a própria identidade é, então, penetrar além dessa superficialidade da consciência para descobrir os conflitos inconscientes que nos determinam? Nossa identidade pessoal situa-se efetivamente nesse nível. Somos uma rede de pulsões e de instintos, mais ou menos harmoniosos, mais ou menos organizados, mais ou menos energéticos. É a hierarquia entre nossas pulsões e instintos que define nossa personalidade.

Para nos realizarmos como seres humanos, será que precisamos verdadeiramente lançar luz sobre esse mundo de combates subterrâneos ou, ao contrário, devemos deixar esse processo se encaminhar *longe* de nosso olhar?

Querer ser quem se é para se tornar a si mesmo

Nietzsche dá uma primeira pista quando afirma que nossa identidade pessoal não é, de forma alguma, uma questão de conhecimento, mas de vontade.

> "*Queira um Eu.* – As naturezas ativas que conhecem o sucesso não se conduzem segundo o preceito 'conhece-te a ti mesmo', mas como se seguissem essa ordem imaginária: *queira* um Eu e você *se tornará* alguém. – O destino parece lhe ter ainda deixado a escolha; enquanto os inativos e contemplativos meditam sobre o que fizeram uma só vez, ao entrarem na vida" (*Humano, demasiado humano*, II, 1, 366).

Nunca será graças ao conhecimento que poderemos nos realizar. O conhecimento sempre vem depois, para constatar ou contemplar o que já aconteceu. Tornar-se o que se é, é esculpir a matéria-prima de nossas pulsões, organizar o caos de nossos afetos e dar forma ao borbulhar de nossos desejos. Trata-se de impor uma vontade mais forte ao feixe de vontades divergentes que nos constitui. O conhecimento permanece impotente em nos dar um eu.

Ignore-se a si mesmo!

Pior: não contente em não favorecer nossa edificação pessoal, o conhecimento de si a prejudica. Nietzsche rompe assim com toda a história da filosofia ocidental (mas se aproxima da filosofia taoista de Zhuangzi, que ele certamente ignorava) afirmando que, para construir a própria personalidade, não é preciso, sobretudo, tentar se compreender. A "consciência de si" é a principal inimiga da realização de si.

> "Que nos tornemos o que somos supõe que não tenhamos o mínimo pressentimento *do que* somos" (*Ecce homo*. "Por que sou tão sábio", 9 – tradução modificada).

Com efeito, a tomada de consciência só pode *deformar* o que somos. Tomar consciência é roubar a atenção da razão para sentimentos opacos e pulsões turvas, e, portanto, falsificar e destruir a realidade da nossa vida interior. Como na física quântica, onde a simples observação modifica o desdobramento dos fenômenos observados, a tomada de consciência afeta em profundidade o nosso universo pulsional e instintivo. Ela aplana a nossa vida interior. A consciência, com efeito, só apreende a camada mais superficial do nosso ser e apaga necessariamente o que a nossa vivência tem de mais singular e mais individual.

A consciência banaliza a nossa vida interior

A consciência não é uma lupa destinada a explorar o seu mundo interior, mas um portal concebido para se comunicar com o mundo exterior. Tomar consciência de si mesmo é então só aproveitar de si o que se assemelha a todos. É ver de si mesmo apenas o que se pode comunicar aos outros.

> "Meu pensamento é, como vemos, que a consciência não pertence propriamente à existência individual do homem, e sim

> ao que nele é natureza comunitária e gregária; que ela igualmente desenvolveu-se com delicadeza [...] apenas em relação à utilidade comunitária e gregária, e que, por conseguinte, cada um de nós, a despeito de toda a sua vontade de se *compreender* de maneira tão individual quanto possível, de se 'conhecer a si mesmo', só tomará consciência precisamente do não individual nele, da sua 'média', – que nosso pensamento mesmo é continuamente, de certo modo, voto vencido pelo caráter da consciência – pelo 'gênio da espécie' que comanda nela – e se vê retraduzido nas perspectivas do rebanho. Todas as nossas ações são, no fundo, incomparavelmente pessoais, singulares, de uma individualidade ilimitada, sem dúvida; mas tão logo as traduzimos na consciência, elas já não parecem sê-lo..." (*A gaia ciência*, V, 354).

Nossa consciência tem um defeito maior: não somos capazes de pensar sem colar palavras sobre nossas sensações. Mas enquanto nossas sensações são individuais, nossas palavras são generalidades, feitas para comunicar necessidades práticas aos outros: "Passe-me o sal", "Quanto custa o quilo de bife", "O dia está bonito hoje"... sempre que você quer falar de um sentimento íntimo, de seu amor, de seu ódio, de sua esperança, há apenas essas palavras grosseiras e genéricas... amor, ódio, esperança. "Cada palavra é um preconceito", escreve Nietzsche (*Fragmento póstumo de 1883*, 12 [1]). É impossível pensarmos fora das categorias, dos esquemas e das simplificações da linguagem.

> "A cada instante formamos apenas o pensamento para o qual temos precisamente à mão as palavras capazes de expressá-lo aproximadamente" (*Aurora*, IV, 257).

Tomar consciência de si mesmo equivale, então, a renunciar a si mesmo, a trocar a própria singularidade por uma imagem pré-fabricada e padronizada, homologada pelas generalidades da linguagem. Compreende-se, então, por que toda tomada de consciência prematura de nossa vocação só poderia nos desviar de *nosso* caminho. Ela nos faria seguir o caminho traçado antecipadamente pela linguagem, o caminho do rebanho.

> "Deve-se preservar toda a superfície da consciência – a consciência, sim, *é* superfície – pura de toda violação de qualquer

dos grandes imperativos. Tenha cuidado mesmo com todas as grandes palavras, com todas as grandes atitudes! *Tantos* perigos que o instinto se 'compreenda' cedo demais. Entretanto não cessa de crescer 'a ideia' organizadora, chamada ao domínio – ela começa a ordenar, lentamente ela conduz fora dos caminhos desviados e afastados, ela prepara qualidades e capacidades *separadas* que, um dia, se revelarão indispensáveis como meios do todo – ela molda sucessivamente todas as *faculdades serventes*, antes mesmo de deixar transpirar o que quer que seja da tarefa dominante, do 'objetivo', do 'fim', do 'sentido'" (*Ecce homo*. "Por que sou tão sábio", 9 – tradução modificada).

Largar palavras ou imagens sobre nossas sensações, sobre nossos desejos ainda embrionários, sobre os esboços frágeis de nossas futuras vocações, é cortá-los pela raiz, estrangulá-los com o garrote das ideias gerais. Deixar aos nossos desejos o tempo de encontrarem o seu caminho, e deixar nossas pulsões divergentes se entrançarem em um projeto mais global, requer deixá-los operar na sombra. Toda intervenção voluntária, consciente e deliberada faria abortar esse formigueiro pulsional e coagular prematuramente esses fluidos criativos. Ela empurraria cedo demais nossos desejos em uma direção única que poderia afigurar-se um beco sem saída.

Encontrar o próprio caminho na errância

É preciso perder-se para encontrar-se, diz, em suma, Nietzsche, e um tempo de errância é necessário para a maturação de todo verdadeiro projeto de vida.

"Se se admite, com efeito, que a tarefa, a determinação, o *destino* da tarefa ultrapassa consideravelmente a medida média, não haveria mais grave perigo do que se ver através dessa tarefa. [...] Desse ponto de vista, os *desprezos* mesmos da existência têm seu sentido e seus valores próprios tal como os episódicos desvios e afastamentos do caminho, as hesitações, os 'pudores', a seriedade despendida em tarefas que se encontram além da tarefa. Aí pode manifestar-se uma grande inteligência, até mesmo a inteligência suprema: aí onde o 'conhece-te a ti mesmo' seria uma receita para se perder, o esquecimento de si, o desprezo de si, o encolhimento, o estreitamento, a mediocrização de si se torna a razão mesma" (*Ecce homo*. "Por que sou tão sábio", 9 – tradução modificada).

Tanto os acidentes de percurso como as perdas de tempo, as cegueiras temporárias como as desilusões, os adiamentos como as hesitações são, portanto, etapas necessárias na construção de si. Às vezes é necessário se dispersar, passar de um emprego, de um curso de estudos ou de um parceiro sentimental a outro de uma maneira aparentemente caprichosa, assim como, em outros momentos, é necessário se fechar na segurança de uma atividade ou de uma relação monótona, embrutecer-se na repetição de tarefas mecânicas. Sempre nos preparamos para uma tarefa futura que ainda ignoramos, experimentamos suas modalidades, aperfeiçoamos os talentos que lhe sejam necessários.

Encontrar sua estupidez incorrigível

Quanto mais erramos, mais nos dispersamos, mais temos a impressão de mudar e mais percebemos uma invariante: algo em nós é imutável, e só se revela ao fim de múltiplas metamorfoses. De tanto explorar todos os possíveis, nós necessariamente nos deparamos com uma impossibilidade – uma impossibilidade surda que inicialmente não queremos reconhecer. É essa barreira imutável de nossa natureza que Nietzsche chama de *destino, fatalidade*. Se existe um destino – um percurso totalmente traçado desde o nosso nascimento –, ele se realiza na nossa natureza profunda e no nosso caráter. Todavia, o que define o nosso caráter? Não tanto a nossa força ou a nossa inteligência quanto a nossa fraqueza constitutiva: o ponto cego que não podemos ultrapassar, uma forma de estupidez que nos é impossível emendar ou instruir. Descobrir a fatalidade de seu ser é descobrir um traço de caráter *incorrigível*, um defeito, um limite que é como a ossatura do nosso ser.

> "Mas no fundo de nós, bem 'em baixo', há certamente algo que se recusa a aprender, um granito de fatalidade espiritual, de resolução e de resposta predeterminada para questões se-

lecionadas de maneira predeterminada. Por ocasião de todo problema cardinal se expressa um 'eis como eu sou' imutável: sobre o homem e a mulher, por exemplo, um pensador não pode rever o que aprendeu, mas somente levar sua aprendizagem a termo. [...] Mais tarde, vê-se nas suas [convicções] somente traços levando ao conhecimento de si, painéis indicativos que levam ao problema que nós *somos*, – mais precisamente à grande estupidez que nós somos, ao nosso fatum espiritual, a esse bem 'em baixo' *que se recusa a aprender"* (*Além do bem e do mal*, VII, 231).

Uma vez encontrada essa parte de fatalidade que nos define, esse traço de caráter que é a assinatura de nosso destino, que malgrado nossos esforços nos é impossível mudar, podemos começar a organizar nossas pulsões. A existência de uma pulsão dominadora e invariável permite colocar a seu serviço as outras pulsões. Da desordem e da anarquia interiores nasce uma ordem, uma estrutura, uma hierarquia de pulsões que se sustentam e se completam. Aí reside a diferença entre uma personalidade forte e uma personalidade fraca. Enquanto o fraco é a presa de suas pulsões que se combatem e se anulam, o forte é motivado por uma paixão dominante que coloca as pulsões secundárias em seu lugar. O corpo é uma estrutura social composta de várias almas, escreve Nietzsche, e a alma também é uma "construção social de pulsões e afetos" (*Além do bem e do mal*, I, 19).

Jardinar as próprias paixões

A descoberta de uma grande paixão pode, assim, colocar de volta nos trilhos uma vida em perdição. Quantos jovens à deriva, entre fracasso escolar, drogas e ociosidade, se recuperaram sem o menor esforço no dia em que encontram sua vocação? O percurso do romancista americano James Ellroy, tal como ele o descreve em seu livro *Ma part d'ombre* [*Meus lugares escuros*][11], ilustra perfeitamente a tese de Nietzsche. Após o brutal assassinato de sua mãe e a morte de seu pai, o adolescente Ellroy, sem domicílio

---

11 Rivages, 1999.

fixo, pequeno delinquente, alcoólatra e drogado, começa uma lenta descida ao inferno que vai durar dez anos. Durante todo esse tempo, ele devora *pulp fiction* e se embriaga de fantasias eróticas de mulheres torturadas e assassinadas, dedicando-se a um verdadeiro culto ao assassinato nunca resolvido da Dália negra, sem se dar conta de que seu destino é idêntico ao de sua mãe. Então, da noite para o dia, ele encontra um emprego como caddie de golfe pela manhã e se põe a escrever todas as tardes. Somente então ele toma consciência de que, durante seus anos de deriva, ele preparou e aperfeiçoou sua arte de escritor sem saber, trabalhando em sua obra romanesca em uma inconsciência absoluta. A partir desse momento, ele deixa o álcool e as drogas.

É, portanto, sempre uma paixão mais forte que doma nossas paixões destrutivas. Graças a esse novo centro de gravidade, podemos cuidar dessas últimas, organizá-las, trançá-las, embelezá-las ao nosso gosto. O trabalho consciente de construção começa. Com essa nota fundamental, temos a liberdade de bordar os contrapontos de nossa personalidade. É, agora e sempre, nossa necessidade, nossa fatalidade, que nos abre o espaço de nossa liberdade.

> "O que nos é permitido: podemos usá-lo com seus instintos como um jardineiro e, o que pouca gente sabe, cultivar as sementes da cólera, da piedade, do raciocínio e da vaidade de maneira tão fecunda quanto belos frutos em uma espaldeira" (*Aurora*, V, 560).

A *jardinagem*, a vida vegetal, o cultivo de plantas é uma das metáforas preferidas de Nietzsche para falar do desenvolvimento pessoal, da escultura de si. Em vez de *adestrar* suas paixões como fazemos com as bestas selvagens, que castramos, chicoteamos e acorrentamos, é preciso *criá-las* como as plantas: regá-las, mas também podá-las, encontrar a sua orientação adequada entre sol e sombra, guiá-las com tutores, dar-lhes o fertilizante certo. Ao contrário do *adestramento*, que visa enfraquecer e submeter o animal, a criação de uma planta *reforça* o crescimento da planta.

Trata-se então de dispor cada aspecto de nossa personalidade de maneira que todos se reforcem mutuamente.

> *"Semear e colher defeitos pessoais.* – Homens como Rousseau entendem de fazer suas fraquezas, suas lacunas e seus vícios servirem de esterco para o seu talento" (*Humano, demasiado humano*, I, 9, 617).

Devemos reconhecer nossas fraquezas como *leis* que se impõem a nós (*Aurora*, V, 218). No entanto, também nos é permitido utilizá-las como elementos de uma composição artística: uma pode nos impelir a aperfeiçoar um aspecto mais forte de nossa personalidade, outra pode valorizar um traço de caráter com o qual ela contrasta, uma outra ainda pode justificar o repouso após uma manifestação de força. Nossa preguiça pode incitar-nos a desenvolvermos nossa inteligência (ela será assim o seu fertilizante), nossa avareza pode realçar nossa gentileza como uma qualidade ainda maior, nossa ingenuidade pode ser um relaxamento agradável depois de ter demonstrado nosso humor.

Compor uma partitura humana

É, portanto, concebível compor o próprio ser como um compositor escreve sua partitura. Nós dispomos de traços preponderantes em nossa personalidade e, por mais pobres que sejam, podemos combiná-los de maneira atraente e intrigante. A imaginação melódica de Beethoven, por exemplo, não foi muito desenvolvida. Ele sabia, não obstante, tecer uma partitura cativante com temas, no entanto, por vezes muito toscos, como as quatro notas que introduzem a *Sinfonia n. 5*. Os artistas podem, assim, ser mestres de vida, não pela sua biografia, mas pela sua maneira de organizar a matéria-prima de sua obra em um todo que transcende suas partes. Da mesma forma que o talento e o trabalho de um artista sabem transformar uma inspiração medíocre em uma obra-prima, podemos organizar nossas paixões e nossas fraquezas de maneira que nossa personalidade seja mais interessante em seu conjunto do que em seus detalhes.

"É tudo isso que devemos aprender dos artistas, sendo, quanto ao resto, mais sábios do que eles. Porque com eles, essa força sutil que lhes é própria para geralmente onde a arte para e onde a vida começa: mas *nós*, nós queremos ser os poetas da nossa vida, e em primeiro lugar nas coisas mais modestas e mais cotidianas" (*A gaia ciência*, IV, 299).

Se for assim necessário "conferir estilo ao próprio caráter" (*A gaia ciência*, IV, 290), somos, todavia, livres para escolhê-lo. Alguns gostam de um estilo estrito, geométrico e clássico, onde nada excede, onde tudo está submetido a um plano dominante, enquanto outros preferem se conceber como parte de uma natureza selvagem, transbordante, indisciplinada e imprevisível. A partir do bloco de necessidade fatal que somos, dispomos de uma liberdade de interpretação certa de nossa existência. O que conta é estar em paz com o que disso resulta.

> "Pois uma coisa é necessária: que o homem consiga se contentar consigo mesmo – ainda que por meio dessa ou daquela poetização e dessa ou daquela arte: é somente assim que a visão do homem é suportável! Aquele que é infeliz consigo mesmo está sempre pronto a se vingar: nós nos tornaremos suas vítimas, quanto mais não seja para ter sempre que suportar a feiura de sua aparência. Pois que a visão do feio torna mau e sombrio" (*A gaia ciência*, IV, 290).

Novas questões, então, não deixam de surgir: qual aspecto queremos conferir à nossa existência? Como queremos esculpir nosso caráter? O que esperamos de nossa vida? Qual ordem ou qual desordem, qual harmonia ou qual contraste queremos para nossas paixões? Agora é o próprio Nietzsche quem coloca as questões vitais.

Questões vitais

"As formatações típicas de si mesmo. Ou as oito questões principais:

1) Queremos ser mais múltiplos ou mais simples?

2) Queremos nos tornar mais felizes ou mais indiferentes à felicidade e à infelicidade?

3) Queremos nos tornar mais contentes conosco mesmos ou mais exigentes e intransigentes?

4) Queremos nos tornar mais flexíveis, conciliatórios, humanos ou "desumanos"?

5) Queremos nos tornar mais inteligentes ou mais impiedosos?

6) Queremos alcançar um objetivo ou evitar todo objetivo (como o faz o filósofo, que subordina todo objetivo a um limite, um ângulo, uma prisão, uma estupidez...)?

7) Queremos inspirar mais a estima ou o medo? Ou o *desprezo*!

8) Queremos nos tornar um tirano ou um sedutor, um pastor ou um animal de rebanho?" (*Fragmento póstumo de 1888*, 15 [115]).

Amar seus inimigos

A força não é a paz interior, a ausência de conflitos, de tensões, de paixões violentas. Tanto quanto uma paixão dominante, a personalidade forte precisa de paixões *contraditórias*, de um conflito interior que aumente e enriqueça a energia da paixão. Nossa paixão principal deve ser incitada, provocada, contestada para se manter alerta e empregar toda a sua força.

> "O homem mais sábio seria *o mais rico em contradições*, tendo, por assim dizer, órgãos táteis para todas as espécies de homem: e em meio a tudo isso, momentos de uma *harmonia grandiosa* – o supremo *acaso*, em nós também!" (*Fragmento póstumo de 1884*, 26 [119]).

O grande estilo é tornar-se mestre do próprio caos

A sabedoria não é somente a unidade, mas a unidade da maior diversidade possível. Não é somente a ordem, mas a ordem de uma desordem mais fundamental. Não é somente a harmonia, mas a harmonia resultante de uma dissonância mais profunda. Compreendemos melhor agora o apelo de Zaratustra: "É preciso ter caos em si para dar à luz uma estrela dançante". A paz interior não pode ser criadora e estimular a vida. Precisamos de desordem para criar uma nova ordem, do excesso para nos impor uma medida. A criação é sempre uma conformação de um caos transbordante, e esse caos primordial é tão importante quanto a disciplina da conformação. Porque é ele que nos impele e nos obriga a inventar-lhe uma forma. Compreendemos, portanto, que a grandeza humana não é nem a sabedoria desapaixonada nem o abandono à selvageria das paixões, mas o domínio das paixões, que será tanto mais forte quanto as paixões forem violentas.

> "Este grande estilo tem isso em comum com a grande paixão, ele a desdenha para agradar, ele se esquece de persuadir, ele comanda, ele *quer*... Tornar-se o senhor do caos que se é; constranger o próprio caos a tornar-se forma; tornar-se necessidade na forma: lógica, simples, sem equívoco, matemática; tornar-se *lei*: eis o que é a grande ambição aqui" (*Fragmento póstumo de 1888*, 14 [61]).

Devemos, portanto, não somente aprender a dominar nossa efervescência interior, dando-lhe uma forma artística, mas também aprender a criar e manter essa efervescência. Precisamos de aguilhões para nos mantermos alertas, de abalos para criar agitações interiores, de uma oposição, de resistências para provocar nossa força.

É preciso saber ser malvado para poder ser bom

Se a contradição é o motor de toda construção de si, compreendemos que a *virtude* não possa se desdobrar se ela não for impulsionada por um *vício* mais profundo, que o *bem* permanece impotente se não for inspirado pelo *mal*. Com efeito, Nietzsche sustenta que a *bondade* e a *maldade* do homem estão intimamente ligadas. Se não fôssemos capazes de fazer o mal – se nos faltasse a intrepidez, a perspicácia, a perseverança necessária – seríamos também incapazes de fazer o bem. Da mesma forma que a felicidade e o sofrimento são os dois lados de uma mesma moeda, a bondade e a maldade repousam sobre as mesmas competências. Para nos tornarmos melhores, devemos também nos tornarmos mais malvados.

> "Mas o homem é como a árvore. Quanto mais ele quer ascender às alturas e à claridade, mais suas raízes se afundam na terra, para baixo, nas trevas e nas profundezas – no mal" (*Assim falava Zaratustra*, I. "Da árvore à montanha").

Para civilizar o homem, para combater seu poder maléfico, a moral atacava suas paixões, que ela via como a raiz da maldade humana. Mas o homem civilizado, emendado, amolecido e desapaixonado que disso resulta é também um homem achatado, amolecido, amputado de uma parte essencial de seu ser. O homem virtuoso, dirá Nietzsche, é um homem *hemiplégico*. Tendo paralisado sua metade malvada, ele já não tem a força e a agilidade para servir-se de sua metade boa. Pois a energia e a astúcia que empregamos para fazer o mal são as mesmas que aquelas que se revelam necessárias para fazer o bem. Agir bem demanda, na realidade, mais energia do que agir mal, pois que isso consiste em sublimar e em superar suas paixões nocivas servindo-se de sua energia.

> "[...] Entre as ações boas e más, não há diferença de espécie, mas, no máximo, de grau. As boas ações são más ações sublimadas, e as más, boas ações voltadas para a grosseria, para a estupidez" (*Humano, demasiado humano*, I, 2, 107).

Devemos, portanto, deixar de ter medo de nossas paixões, mesmo das mais destrutivas e das mais maléficas. Sufocá-las é amordaçar uma parte de nossa potência e de nosso ser. Em vez de se castrar, Nietzsche acha que é possível utilizar suas más inclinações como fermentos e fertilizantes dos bons. Quando se quer *afirmar* a vida, é preciso aceitar afirmar também seus lados sombrios ou destrutivos, assumir a parte de negação que se carrega em si mesmo. A raiva, a inveja, a ganância, até mesmo a crueldade e o ressentimento, são potências motoras que podem nos impelir a sublimar essas mesmas paixões.

Desenfrear as próprias paixões para tornar-se "doces bárbaros"

Não se trata, no entanto, de rejeitar os progressos reais da sociabilidade do homem. Em quinhentos anos, nossas sociedades ocidentais dividiram a taxa de homicídio por cinquenta, tornaram intolerável toda forma de violência ou de crueldade, aboliram a pena de morte, deram dignidade aos deficientes, protegeram as mulheres e as crianças espancadas. Podemos considerar essa suavização dos modos como uma nova chance, uma condição que permite afrouxar as rédeas e dar mais latitude às nossas paixões, porque o progresso da civilidade as tornou mais inofensivas. Como o homem não é mais "um lobo para o homem", podemos de novo deixar se exprimir a fera adormecida em nós.

> "As mais potentes e perigosas paixões do homem, aquelas que o fazem perecer mais facilmente, foram banidas de uma maneira tão sistemática, que os homens mais potentes se tornaram eles mesmos impossíveis, senão se sentiriam *malvados*, 'prejudiciais e proibidos'. Essa perda é grande, mas, até agora, necessária: hoje, quando um grande número de forças contrárias foi suscitado pela repressão momentânea dessas paixões (a sede de dominação, o gosto pelo disfarce e a enganação), seu desencadeamento é de novo tornado possível: elas já não terão a antiga ferocidade. Nós nos permitimos a barbárie doce: que olhemos nossos artistas e estadistas" (*Fragmento póstumo de 1885*, 1 [4]).

Entre a selvageria violenta e uma civilidade tímida e processual, uma alternativa é possível: a *doce barbárie*. Seremos *bárbaros* — isto é, livres das regras de nossa civilização —, daremos toda latitude às nossas paixões, mas agiremos com *doçura*. Teremos espiritualizado, sublimado, embelezado essas paixões, inclusive as mais violentas. A moral, ao querer *temperar* o homem, o tornou morno ou mesmo glacial. É tempo, diz Nietzsche, de redescobrir os *trópicos*, de reintroduzir a *selva* na moral, reconhecer o *homem tropical*[12] (*Além do bem e do mal*, V, 197).

Dançar sobre os abismos

É que o homem da selva compreende a importância do *perigo*. Ele sabe que este não somente nos fortalece, mas também nos

---

12 Não é certamente por acaso que quatro cantores do movimento tropicalista brasileiro, Gal Costa, Maria Bethânia e seu irmão Caetano Veloso, e o ex-ministro Gilberto Gil nomearam seu grupo comum de "Doces Bárbaros".

alivia. A busca deliberada do perigo é assim o melhor fortificante e a melhor terapia contra a melancolia, a ruminação metafísica e a timidez existencial.

> "Pois, creia-me! – o segredo para retirar da existência a maior fertilidade e o maior gozo é: *viver perigosamente!* Construam para si cidades sobre o Vesúvio! Lancem seus navios a mares inexplorados! Vivam em guerra com seus semelhantes e com vocês mesmos! (*A gaia ciência*, IV, 283).

Precisamos de riscos e ameaças em nossas vidas porque nunca desenvolveremos a própria força se não tivermos *razões* para fazê-lo. O perigo tem o mérito de nos *obrigar* a sermos fortes. Sem sermos expostos a isso, nunca conheceremos nossos meios de defesas, nossa agilidade, nossa astúcia.

Nietzsche se inspira aqui em Stendhal, que em seus relatos de viagem a Roma, Nápoles e Florença, observa que é "a ausência de perigo nas ruas que nos torna tão pequenos". E, efetivamente, aqueles que passearam pelas ruas de Bogotá ou Caracas sabem como a percepção do perigo os torna mais sensíveis, mais rápidos e mais leves. A emoção da ameaça faz crescer asas: mal pomos os calcanhares no asfalto, nos esgueiramos pelas ruas, o olhar se faz penetrante e abraçamos tudo. E em parte alguma se faz tanta festa, se vive com tanta intensidade e alegria quanto em Telavive ou no Rio de Janeiro, malgrado o medo incessante de um atentado suicida ou de um assalto à mão armada. Nessas cidades, a presença do perigo ensina efetivamente a *dançar sobre os abismos*. São os funâmbulos que nos ensinam a dançar, é o precipício que nos ensina a agilidade e a leveza. Não é com grandes tamancos que se evita cair no precipício, mas acariciando a corda com a ponta dos pés.

Quer isso dizer que é preciso aconselhar nossos políticos a libertar condenados nas ruas, aumentar as desigualdades para provocar mais violência, declarar novas guerras para criar as condições de nossa força e de nossa superação? Nietzsche parece por vezes sugeri-lo, talvez pelo gosto da provocação e certamente pelo desejo de abalar nossos modos de pensamento. Se, para ele, é preciso viver perigosamente, é menos arriscando a vida do que arriscando ideias novas cujas consequências ainda não são conhecidas. Da mesma maneira que o seu elogio da *escravidão* é metafórico e designa a disciplina que se impõe a si mesmo, o *perigo*, a *guerra* e a *hostilidade* que ele enaltece concernem mais à nossa vida interior do que à realidade social ou política.

Nietzsche explica, por exemplo, que os grandes prosadores sempre foram, ao mesmo tempo, poetas, pois o estilo literário nasce do conflito entre a prosa e a poesia. "A guerra é o pai de todas as coisas boas, a guerra é também o pai da boa prosa!" (*A gaia ciência*, II, 92). É sempre uma contradição interior, uma tensão entre dois extremos, a rivalidade entre dois valores ou aspirações opostas que faz jorrar a invenção.

As virtudes da hostilidade

Para produzir essa tensão, precisamos de *inimigos*. Mas se eles são necessários para nos despertar, é preciso ter o cuidado de *não* os vencer, de não os destruir, caso contrário não os teremos mais. Nem pense, então, em *negar* seus inimigos nem em os *odiar*. Nietzsche dá assim um sentido novo ao mandamento cristão de *amar seus inimigos*. Esse é um dos exemplos da *espiritualização* das paixões, mesmo as mais violentas.

> "A espiritualização da sensualidade tem por nome *Amor*: é um grande triunfo sobre o cristianismo. Um outro triunfo é nossa espiritualização da *hostilidade*. Ela consiste em compreender profundamente o valor que possui o fato de ter inimigos: em suma, de agir e de raciocinar exatamente ao inverso da maneira como se agiu e raciocinou outrora. A Igreja quis, desde sempre, a aniquilação de seus inimigos, nós, os imoralistas e anticristãos, vemos nossa vantagem no fato de que a Igreja existe. [...] Nossa atitude não é diferente em relação ao 'inimigo interior': aí também espiritualizamos a hostilidade, aí também apreendemos seu valor. Só se é fecundo a esse preço: ser rico em oposições, só se permanece jovem sob a

preposição de que a alma não chafurda, não deseja a paz..."
(*O crepúsculo dos ídolos*. "A moral como contranatureza", 3).

Quando a Igreja nos chama a amarmos os nossos inimigos (em vez de persegui-los como ela o fez na realidade), ela quer que *salvemos* nossos inimigos pelo amor, isto é, que os *convertamos*. Nós amamos nossos inimigos para que eles cessem de ser inimigos – pouco importa que sejam eles mesmos que desapareçam ou somente a sua hostilidade. Nietzsche, todavia, pede o contrário: *amar* os próprios inimigos significa ter gratidão pela sua hostilidade mesma, ser grato pelo fato de que algo nos resiste, nos provoca e nos questiona. Não se deve, portanto, em caso algum, odiá-los, querer suprimi-los ou mesmo enfraquecê-los.

As hostilidades, as discriminações, os assédios que encontramos devem, ao invés, ser interpretados como uma *chance*. Essas são ocasiões para se aperfeiçoar os próprios instintos, para inventar novas defesas, para mostrar a própria superioridade. Para muitos músicos de jazz, o racismo contra os negros americanos não foi somente um sofrimento. Foi também um incentivo a inventar uma música mais potente, mais sofisticada, mais profunda do que aquela de que eram capazes os seus perseguidores, os quais logo se tornariam imitadores grosseiros e diletantes. A homofobia tem inspirado alguns dos maiores escritores, obrigando-os não somente a dissimular sua homossexualidade em uma análise menos convencional da sexualidade humana, como o fez Proust, mas também a desfrutar de seu status de *pária* para arriscar uma crítica mais radical da sociedade, como o fizeram Genet ou Pasolini. Se é legítimo combater todas as formas de discriminação em um plano *social*, é preciso, ao mesmo tempo, saber inspirar-se nos obstáculos que elas fazem nascer na vida individual, em vez de congelar no ressentimento e no rancor.

Devemos então aprender a *escolher* nossos inimigos e respeitar uma ética da guerra justa e produtiva.

> "Minha prática da guerra se enuncia em quatro princípios: primeiramente, ataco apenas causas vitoriosas; – se neces-

sário, espero que elas o sejam. Em segundo lugar: só ataco causas perante as quais estarei desprovido de aliados, onde avanço só, – onde sou o único a me comprometer... [...] Em terceiro lugar: nunca ataco pessoas, – só me sirvo da pessoa como uma lupa poderosa com a qual conseguimos tornar visível uma situação desesperada que concerne a todos, mas sorrateira e difícil de perceber. [...] Atacar é, de minha parte, uma marca de benevolência, caso necessário, de gratidão. Eu presto homenagem, distingo associando meu nome a uma coisa, a uma pessoa: se a favor ou contra, pouco me importa neste caso" (*Ecce homo*. "Por que eu sou tão sábio", 7).

O objetivo da guerra nietzscheana não é, portanto, vencer. É estimular nossas próprias forças, assim como aquelas dos nossos inimigos. O mesmo acontece com aqueles do *interior*. Não é preciso pensar em suprimir as próprias paixões violentas ou mórbidas, angústias e aspirações irrealistas, pois é precisamente no combate com esses demônios que nos construímos. É no confronto com o aspecto sombrio da existência, no cara a cara com a morte, o sofrimento, a estupidez e a maldade, na luta com a própria fraqueza e preguiça que o homem é forçado a descer ao mais profundo de si mesmo e dar o que ele tem de melhor.

Ação filosófica

1) Será que você percebe contradições mais ou menos fortes na sua personalidade, nos seus gostos, valores, ambições e talentos? Será que você tenta suprimir ou reprimir essas contradições, porque tem a impressão de que elas o paralisam? Tente antes reforçar essas contradições: você tem a chance de tê-las, eles fazem de você uma personalidade rica. Pergunte a si mesmo como você pode se servir do dinamismo dessas contradições, e como o seu esforço para controlá-las pode obrigá-lo a ser inventivo, a encontrar uma solução original para esse conflito interior.

Será que você tem medo da sua violência interior? Será que você chega a ter medo de fazer o mal, de pensar que você está habitado por paixões malvadas? Será que você tenta, por conseguinte, combater essa violência? Pergunte antes a si mesmo como você poderia se servir dessa energia para alimentar uma abordagem mais espiritual.

2) Será que você evita sistematicamente todos os perigos? No amor, na sua profissão, nos seus pensamentos? Tente, em vez de fugir do perigo, enfrentá-lo, brincar com fogo, para ver de que maneira ele pode inspirá-lo, provocar novos comportamentos e liberar novas energias. Será que a emoção de perigo o torna mais leve, mais alerta e mais ágil?

3) Qual é a sua atitude em relação à hostilidade? Será que você gostaria de não ter inimigos? Será que você gostaria de suprimi-los? Para cada pessoa que se opõe a você de uma maneira ou de outra, que o questiona ou que o coloca em armadilhas, pergunte-se o que essa oposição o propicia. Se a hostilidade o enche de ódio, pense sempre em que o seu inimigo o pode enriquecer e fortalecer, e tente sentir gratidão.

4) Tente deliberadamente escolher seus inimigos, exatamente como se escolhe um adversário no esporte. Privilegie as ideias ao invés das pessoas, mas escolha uma pessoa para encarnar a ideia e para responder aos seus ataques. Não escolha senão causas vitoriosas e nas quais você seja o único a combater – nunca atire em ambulâncias e, por princípio, nunca se junte a uma multidão linchadora.

IV

Uma visão
do
sentido
da
existência

A eternidade do efêmero

A arte vale mais do que a verdade

Amar os inimigos é uma maneira de embelezar a realidade, uma forma de libertação de tudo o que é feio e hostil. O *grande estilo* que Nietzsche enaltece, tanto na arte como na vida, é, ao mesmo tempo, a supremacia de uma grande paixão sobre a guerra de nossas pulsões, e a transfiguração da feiura da realidade pela beleza da forma. Nietzsche o resume em poucas palavras:

"O grande estilo nasce quando o belo é vitorioso sobre o monstruoso" (*Humano, demasiado humano*, II, 2, 96).

Quando estamos no teatro ou no cinema, achamos o infanticídio de Medeia ou o fratricídio de Michael Corleone em *O Poderoso Chefão II* não somente mais interessante ou instrutivo, mas também mais bonito, mais profundamente satisfatório do que as aventuras de Heidi nas pastagens floridas dos Alpes suíços. O que nos entusiasma não é a monstruosidade das ações representadas, mas a tensão entre a beleza da representação e o horror do que é mostrado. Da mesma forma, a riqueza de uma vida não reside tanto no bem-estar sem sobressaltos do que na maneira como enfrentamos as piores tragédias.

O pessimismo teórico não exclui o otimismo prático

A filosofia da afirmação não é, portanto, um otimismo beato que refutaria o pessimismo. O pessimismo de Schopenhauer e sua constatação da crueldade cega e absurda da existência constituem mesmo o ponto de partida de toda filosofia séria. No entanto, será que a *verdade* do pessimismo nos condena a tirar dele consequências mortíferas? Não será possível ser feliz sendo pessimista? Devemos aprender a distinguir nossa apreensão *teórica* do mundo e o que nossa *prática* pode fazer dela. Sobre o seu primeiro livro, *O nascimento da tragédia*, Nietzsche comenta:

> "Vemos que nesse livro o pessimismo, ou mais precisamente o niilismo, vale como verdade. Mas a verdade não vale como critério supremo de valor, e ainda menos como potência suprema. A vontade da aparência, da ilusão, do engano, de se tornar e de mudar (o engano objetivo) vale aqui como algo mais profundo, mais originário, mais metafísico do que a vontade de verdade, de realidade, de ser – esta última, em si mesma, é apenas uma forma de vontade para a ilusão." [...]

> "Dessa maneira, esse livro é mesmo antipessimista: no sentido de que ele ensina algo mais forte do que o pessimismo, algo mais 'divino' do que a verdade" (*Fragmento póstumo de 1888*, 17 [3]).

Mesmo quando a realidade é horrível, mesmo quando a verdade é deprimente, até mesmo desesperante, ela *não é tudo*. Existe uma atividade humana mais fundamental do que o conhecimento, um valor mais alto do que a verdade. É a capacidade humana de inventar, de imaginar, de criar e de fabular. Em muitos casos, ela mostra que a *mentira* vale mais do que a verdade, uma vez que pode nos dar a vontade de viver em vez de nos desanimar.

Suportar a verdade é uma questão de força

A mentira pode ser considerada como uma fraqueza, como a incapacidade de encarar a realidade e uma forma de nos furtarmos à nossa responsabilidade. E, com efeito, as mentiras do idealismo moral ou religioso, qual seja a invenção de um mundo sobrenatural fictício, servem para nos consolar pela nossa inaptidão para enfrentar os sofrimentos inevitáveis da existência. Nesse sentido, nossa atitude em relação à verdade coloca nossa força à prova.

> "Qual quantidade de verdade pode *suportar*, até mesmo *ousar* um espírito? Tal tem sido, cada vez mais, para mim o verdadeiro critério de valor. O erro (a fé no ideal) não é cegueira, o erro é *covardia*... Toda conquista, todo passo adiante no conhecimento *resulta* da coragem, da dureza para consigo, da nitidez para consigo" (*Ecce homo*. Prefácio, 3).

Estar no erro ou na verdade, portanto, não é tanto uma questão de método quanto de coragem ou de covardia. A verdade causa *medo* e algumas pessoas são fracas demais para o admitir. Buscar a verdade supõe ser impiedoso perante os próprios desejos, a própria necessidade de certezas e de consolações, enquanto o erro tem a ver sempre com uma forma de *fuga* diante do insuportável. Em outros textos, no entanto, Nietzsche parece dizer exatamente o contrário: o que é difícil e corajoso não seria viver na verdade, mas na mentira, na ilusão e na aparência.

> "[...] O critério da força é até que ponto somos capazes de admitir o caráter *aparente* da realidade, a necessidade da mentira, sem desmoronar" (*Fragmento póstumo de 1887*, 9 [41]).

O que é então mais árduo: aceitar a verdade ou aceitar a mentira? Na realidade, não há contradição entre os dois: é a mesma força e a mesma coragem que são necessárias para enfrentar a verdade e para aceitar o caráter inelutável da ilusão. É porque a verdade é turva, esquiva e cruel que o homem não tem outra escolha a não ser embelezá-la e simplificá-la mediante mentiras mais ou menos consoladoras, mais ou menos vivificantes.

A mentira é necessária para a vida

Essa impossibilidade de viver sem mentira é um dos aspectos mais terríveis da realidade humana, que justamente as almas fracas não querem enfrentar. Nossas crenças são como boias graças às quais flutuamos e não nos afogamos em uma verdade demasiado dolorosa. Será que temos força para admitir que só sobrevivemos graças a mentiras?

> "Aqui não há oposição entre o mundo verdadeiro e o mundo aparente: há apenas um único mundo, e ele é falso, cruel, contraditório, sedutor e desprovido de sentido. [...] *Precisamos da mentira* para vencer essa realidade, essa 'verdade', ou seja, para *viver*... Que a mentira seja necessária para viver pertence a esse caráter aterrorizante e problemático da existência..." (*Fragmento póstumo de 1887-1888*, 11 [415]).

Todas as nossas crenças, todos os nossos conhecimentos, todos os nossos sistemas de representação são, em certa medida, mentiras. Não podemos fazer outra coisa senão dobrar a realidade às nossas exigências, simplificar a complexidade de nossas percepções a fim de que elas correspondam a categorias facilmente manejáveis. O sistema perceptivo, a visão, por exemplo, é um imenso filtro que só retém informações úteis. A linguagem reduz a multiplicidade cintilante das sensações a algumas palavras barulhentas, e interpreta nossas ações segundo os esquemas grosseiros da gramática.

Nem todas as mentiras se equivalem

Analisando as diferenças entre a ciência, a religião e a arte, nós nos damos conta de que existem maneiras fundamentalmente diferentes de mentir: a simplificação, a inversão, a negação e o embelezamento. A ciência mente na medida em que se interessa apenas pelas verdades gerais e ignora a singularidade dos casos concretos. A abstração própria da ciência é uma forma de simplificação abusiva: os objetos estudados pela ciência, o "homem", a "vida", a "temperatura global", a "matéria", são ficções porque tratam-se de abstrações obtidas generalizando-se situações particulares. No entanto, essas ficções científicas guardam uma certa semelhança com a realidade, mesmo que a esquematizem. Esse não é o caso das mentiras religiosas, que não se contentam em simplificar a realidade, mas chegam a negá-la, inventando um universo que é o oposto de tudo o que existe: as religiões chamam a morte de "vida eterna", o nada de "Deus", a fraqueza de "virtude". Elas nos ensinam que a realidade é apenas uma ilusão passageira, enquanto um mundo puramente fictício seria a "verdade absoluta". A mentira religiosa consiste, portanto, em uma *inversão* sistemática da realidade.

Em nossos grandes sistemas de representação, a arte é talvez a menos mentirosa. Ela não nega a realidade como a religião e não a simplifica como a ciência. Ao contrário, ela aguça nossa percepção na medida em que intensifica a vivência de uma forma que, embora fictícia, é uma repetição reforçada e embelezada da realidade. Enquanto Deus é a ficção do que não existe e não poderia existir, a Medeia de Eurípides é uma ficção que realça o que existe. A Medeia literária é uma mulher traída e assassina mais digna, mais comovente e também mais feroz do que as verdadeiras mães infanticidas. Em vez de uma negação da realidade, a arte no-la oferece concentrada, mais intensa, mais densa e, portanto, mais viva, mais real que o real.

A verdade é feia

O humanismo europeu quis nos persuadir de que o conhecimento abre as portas para a felicidade e a liberdade, e de que o homem malvado é um ignorante que seria virtuoso se aprendesse a verdade. No entanto, esse projeto é um fracasso: o conhecimento, cultural ou científico, não nos torna melhores nem mais felizes. Para Platão, o Belo era apenas uma faceta, a expressão sensível da ideia do Bem e do Verdadeiro, o primeiro passo da ascensão às verdades eternas. Mas Nietzsche observa:

> "É indigno de um filósofo dizer: o Bem e o Belo são um: se ele ousa ainda acrescentar 'o Verdadeiro também', deveríamos espancá-lo. A verdade é feia: *nós temos a arte* para não perecer da verdade" (*Fragmento póstumo de 1888*, 16 [40]).

Eis porque "a vida seria um erro sem música". A verdade não é sinônimo de *sentido*. Em si mesma, ela é desprovida disso, ela é mesmo absurda. Esta é a constatação legítima do niilismo: na luta pelo poder que é a realidade em todos os níveis – do combate entre vírus e anticorpos até a corrida armamentista nuclear –, não há objetivo predeterminado que permitiria ao homem se orientar. Por outro lado, o homem, sem cessar, produz sentido. Ele não poderia deixar de fazê-lo sempre que fala, fabula, conserta, imagina, sonha, deseja. Se o sentido é sempre uma questão de invenção e não de descoberta, a mentira, o erro e a ilusão são constitutivos da atividade humana. A vida só tem significado graças a eles.

> "É esse *erro* que tornou o homem suficientemente profundo, sutil e engenhoso para tirar de sua seiva essa floração da arte e da religião. O conhecimento puro teria sido incapaz disso. Quem nos desvelasse a essência do mundo nos infligiria a todos a mais dolorosa desilusão. Não é o mundo como coisa em si, mas o mundo como representação (como erro) que é tão rico de sentido, profundo, prodigioso, tão gordo de felicidade e infelicidade" (*Humano, demasiado humano*, I, 1, 29).

O mundo é arte

A criação artística é a atividade fundamental não somente do homem, mas da natureza como um todo. O cientista e o religioso criam um universo juntando pedaços de realidade para formar um todo ordenado que eles julgam coerente. O amante transitório dá um sentido à sua vida atribuindo à sua Dulcineia traços maravilhosos dos quais ela é, na realidade, desprovida. O paranoico recobre de sentido o seu sofrimento imaginando um mundo paralelo, feito de conspirações e ameaças.

A natureza no seu conjunto também pode ser vista como uma criação infinita de aparências enganosas e sedutoras. Basta olhar a profusão de cores e camuflagens do reino animal e vegetal: arco-íris das caudas de pavões, metamorfoses cromáticas dos camaleões, multiplicação das formas das corolas das orquídeas... A exorbitante beleza natural é sempre finta, simulação e astúcia, com o objetivo de conquistar ou seduzir. Nietzsche tem razão em sublinhar que não são somente as nossas crenças que são mentirosas. A própria realidade é tecida de mentiras, de iscas e de faz de conta. Que o mundo esteja em *devir* significa que se revela sempre diferente do que se acreditava, e que o instante presente é uma ilusão desmentida pelo seguinte. Todavia, em vez de condenar esse aspecto ilusório da realidade como o fazem as religiões, Nietzsche vê a prova de sua essência artística. A natureza é enganosa, mas ela engana criando beleza. Em seu nível mais profundo e metafísico, o mundo é arte.

> "Até onde a arte penetra o interior do mundo? E será que há, além do artista, outras potências artísticas? Como sabemos, essa questão foi o meu *ponto de partida*: e respondi sim à segunda questão, e à primeira, 'o próprio mundo não passa de arte'" (*Fragmento póstumo de 1885*, 2 [119]).

Por essa afirmação, Nietzsche repete de outra forma seu enunciado principal: "A vida é vontade de potência". Com efeito, a arte é a forma mais elevada e a mais fundamental dessa vontade. Exprimir a própria potência é modelar, formar, aumentar e subtrair, conceber e destruir para recriar de maneira diferente.

A embriaguez da arte é a embriaguez da potência

O exercício da potência criativa e a contemplação artística são acompanhados pelo mesmo sentimento: a *embriaguez*. Este é um estado no qual a nossa energia interior deforma o que percebemos. Tudo parece mais colorido, mais intenso, mais denso. Nossa vitalidade se projeta sobre as coisas, que ganham assim uma significação da qual são privadas quando nos mantemos sóbrios. Todos conhecemos essa embriaguez – matriz de toda criação – quando estamos *apaixonados*.

> "Amor: Busca-se mais surpreendente prova da força transformadora da embriaguez? O 'amor' é essa prova, o que se chama amor em todas as línguas e mutismos do mundo. A embriaguez aí supera a realidade de uma maneira que a sua causa se estende na consciência do amante e outra coisa parece se encontrar em seu lugar – uma emoção e um brilho

169

de todos os espelhos mágicos da Circe... [...] O amante tem mais valor, ele é mais forte. [...] Sua economia geral é mais rica do que nunca, mais poderosa, mais *inteira* do que aquela de quem não ama. O amante dilapida: ele é suficientemente rico para isso. Agora ele ousa, torna-se aventureiro, torna-se um asno de magnanimidade e inocência, acredita de novo em Deus, acredita na virtude porque acredita no amor; e, por outro lado, esses idiotas da felicidade se veem crescer asas e novas capacidades, e uma porta se abre, mesmo para a arte" (*Fragmento póstumo de 1888*, 14 [120]).

O amante transitório é um "asno", porque é vítima de uma ilusão. Mas sua ilusão não o enfraquece. Pelo contrário, a ilusão amorosa o torna mais forte, mais perspicaz, mais criativo. A *embriaguez* é essa efervescência de potência provocada por ilusões que estimulam nossa vitalidade.

Dionísio ou a embriaguez da fusão com o mundo

Nietzsche distingue duas formas de embriaguez que ele atribui aos deuses gregos Apolo e Dionísio. Este último, o deus do vinho, é aquele da primeira forma de embriaguez. Nós podemos ter um vislumbre disso com a embriaguez báquica, alcoólica, com a sexualidade, com os movimentos de multidões desenfreadas, como durante uma partida de futebol, e com o êxtase induzido por uma música ritmada. A constatação é primeiro a de um sentimento de perda de identidade. Sente-se tomado por uma força superior, abandonado a uma torrente de energia difusa e esquecido de seu eu consciente. O corpo parece preso em um turbilhão e se mistura aos outros. No entanto, perdendo assim o controle de si, o dionisíaco extático é portador de uma energia maior, porque se dá conta da ilusão da personalidade individual. Ele se viu subitamente como uma parte do todo, um átomo de força natural, uma gota d'água em uma onda, uma folha em uma tempestade. Pode ser que esse sentimento de perda de si se revele tão prazeroso quanto doloroso, uma vez que a impressão de fusão com seu entorno anda às vezes de mãos dadas com uma sensação de destruição de sua identidade e de sua integridade. A intuição nietzscheana da unidade fundamental do prazer e da dor encontra sua prova na experiência do êxtase. O dionisíaco não sabe mais se goza ou se sofre. Um segue necessariamente o outro, prazer e dor são passagens, etapas em um ciclo regenerador que vai da criação à destruição e da destruição à criação.

Nada o ilustra melhor do que a música. Nesta, com efeito, a dissonância é fonte de prazer. Ela é, portanto, capaz de tornar delicioso um grito de desespero. Ao mesmo tempo, ela é a arte do movimento, do ritmo, do tempo e do *devir*. Ela nos ensina assim o aspecto fundamentalmente transitório de todo estado, dor como prazer. É importante notar que a música está historicamente na origem da *tragédia*, cujo protagonista principal era inicialmente não o herói trágico, mas o coro que comentava as ações pelos seus cantos. Eis por que gostamos de ver tragédias e por que gostamos da música: gozamos o nosso medo e a miséria dos outros, porque, ainda hoje, o transe musical do coro transcende o sofrimento dos personagens.

O homem trágico, o homem dionisíaco é assim um homem que *goza* o que a vida tem de problemática e aterradora. Ele reconhece o sofrimento, mas vê o sofrimento como um desafio, um estimulante, um teste de sua força. O homem trágico é pessimista, porque sua vitalidade excessiva busca literalmente ser *provada*. São as pessoas frágeis, ao contrário, que precisam se consolar pelo otimismo.

> "Mas há dois tipos de seres que sofrem, de um lado aqueles que sofrem com a *superabundância de vida*, eles querem uma arte dionisíaca e igualmente uma visão e uma compreensão trágica da vida – e então aqueles que sofrem de um *empobrecimento da vida*, que procuram, por meio da arte e do conhecimento, o repouso, a calma, a bonança, ou então a embriaguez, a convulsão, o entorpecimento, a demência" (*A gaia ciência*, V, 370).

Pode-se sofrer da própria força, da energia comprimida e frustrada que não encontra saída, como pode-se sofrer de fraqueza, de uma constituição frágil para a qual toda excitação já é uma ameaça. O primeiro sofrimento precisa de uma descarga, de desafios, de obstáculos a vencer, o segundo precisa de um quadro, de uma proteção, um reforço.

Apolo ou a embriaguez do sonho

Existe um segundo tipo de arte e de embriaguez que pode curar a violência do transe dionisíaco: é a arte *apolínea*. Enquanto Dionísio é o deus da profundeza turva, Apolo é o deus da bela superfície, transparente e luminosa. Enquanto Dionísio nos faz gozar do excesso, da explosão de toda forma e de toda medida, Apolo nos apazigua com a retenção de formas puras e equilibradas. A embriaguez de Apolo não é a do transe, mas a do *sonho* onde mesmo as coisas estranhas e terríveis aparecem à luz sedutora da ilusão e do imaginário. A dor e o terror são neutralizados pelo sentimento de não realidade próprio da arte e do sonho, pela luz que redime as sombras, pela estética da forma que salva do rugido do abismo. Aqui, a ilusão do eu e a integridade do indivíduo renascem não mais como um dogma, mas como um jogo de formas. A medida do poeta, a proporção do escultor e a paleta do pintor transformam em suavidade a vivência rugosa das coisas.

Será que devemos escolher uma vida apolínea em vez de dionisíaca? Dionísio e Apolo constituem antes os dois momentos de um processo, os dois polos de uma única dinâmica. Se o "grande estilo é a vitória do belo sobre o monstruoso", vemos que precisamos da forma serena de Apolo para conter a energia desenfreada de Dionísio. Se Apolo nos cura das feridas da violência dionisíaca, Dionísio, por sua vez, nos cura do aspecto congelado das formas apolíneas que poderiam nos paralisar.

Apolo e Dionísio são os dois momentos de um ciclo, o da destruição e da criação, do gasto e da recuperação, do transe e da meditação, do nascimento e do renascimento. Esse movimento é o movimento mesmo do *devir*. Nietzsche sublinha que não há culpa, responsabilidade ou falta nesse movimento de criação e destruição, pois se trata fundamentalmente de um *jogo*: jogo da criança tanto quanto do artista. A criança destrói o seu castelo de areia com a mesma inocência de quando a construiu. O artista obtém prazer tanto da tragédia como da comédia, do sofrimento como da alegria. Em sua essência metafísica, o devir, isto é, a vida, é *inocente*. O jovem Nietzsche comenta assim sobre o *aeon*, a eternidade de Zeus, no filósofo pré-socrático Heráclito:

> "Devir e perecer, construir e destruir, sem a menor consideração moral, em uma inocência eternamente idêntica, é o que distingue neste mundo o jogo do artista e da criança. E da mesma maneira que jogam a criança e o artista, joga o fogo eternamente vivo, construindo e destruindo com toda a inocência – e é com ele mesmo que o Aeon jogo esse jogo" (*A filosofia na idade trágica dos gregos*, 7).

Conceber a vida como o jogo de uma criança

Da mesma maneira que a beleza da arte nos salva da feiura da verdade, é concebendo a vida como um *jogo* que podemos suportar seu aspecto trágico. Em um jogo, aceitamos as derrotas como um dado essencial sem o qual não valeria a pena jogar. Ora, o jogo não é, para Nietzsche, uma simples estratégia humana para suportar o tédio da existência. É o ritmo mesmo do universo, o modo de troca e de transformação de tudo o que existe. Ver esses movimentos lúdicos com demasiada seriedade, congelá-los em uma grade de avaliação, julgá-los como se fossem imóveis, é então desfigurá-los. Ao enrijecer o que é fluido, *enfeamos* as coisas, as caricaturamos negando sua vitalidade.

> "E toda grande seriedade – não é em si mesma já uma doença? E o *primeiro* enfeamento? O sentido para a feiura desperta no mesmo momento em que desperta a seriedade; começa-se a *distorcer* as coisas quando se as leva a sério..." (*Fragmento póstumo de 1888*, 15 [18]).

Sabemos agora que a leveza e a agilidade do dançarino só podem ser adquiridas com fortes restrições. O dançarino precisa de correntes e o funâmbulo de perigos. Para nos forçarmos a sermos leves, precisamos suportar um peso muito pesado. Pois leveza não significa dispersão, desatenção e inconsistência. Qual será então esse peso que nos *obrigará* a viver da maneira mais leve possível, que nos obrigará a jogarmos nossa vida com a maior concentração, qual será a *aposta* graças à qual não nos arrependeremos, em momento algum, desse jogo?

Questões vitais

1) Pense nos piores momentos da sua vida, nas lembranças que você gostaria de poder apagar para sempre. Em retrospectiva, porém, será que você ainda gostaria que essas coisas nunca tivessem acontecido? Ou você as vê como necessárias, constitutivas da sua personalidade, da sua história? Será que você pode ver aí uma forma de beleza, um carimbo, uma coloração, uma luz particular e insubstituível, inclusive no sórdido, no sofrimento, no abandono, um pouco como uma bela cena de filme trágico? Tente olhar para a sua vivência como um artista, capaz de revelar a beleza das coisas, mesmo as mais horríveis.

2) Será que você tem medo da verdade, prefere *não saber*, em vez de enfrentar conhecimentos talvez desagradáveis ou perigosos? O que aconteceria então se você devesse enfrentar a verdade, de que maneira ela o mudaria, quais forças – ou quais fraquezas – despertaria em você?

3) Será que você gosta de chafurdar em ilusões e até mesmo em mentiras? De que tipo de mentiras se trata então? De mentiras que simplificam a realidade, fazendo você ver as coisas de uma maneira categórica e esquemática? De mentiras que *negam* a realidade, fazendo você acreditar que as coisas são o contrário do que elas são? Ou de mentiras que *embelezam* a realidade, que exageram, refinam, sublimam suas vivências e experiências? Que tipo de mentiras lhe parece preferível?

4) Será que você pode viver com a ideia de que não existe verdade, mas somente mentiras? Que não há escolha entre verdade e mentira, mas entre mentiras vivificantes e mentiras mortíferas? Ou você precisa de uma prova de verdade para poder aderir a uma ideia, não podendo se contentar com a constatação dos benefícios dessa ideia? A ausência de verdade e a onipresença da mentira o deprimem ou você vê esse fato como uma promessa de liberdade, a liberdade de inventar como lhe aprouver as suas próprias crenças?

5) Onde você sente a maior embriaguez? No gasto energético, na intensidade das sensações, sejam elas agradáveis ou dolorosas, na impressão de se fundir na multidão ou na natureza? Ou é na contemplação onírica, na paz que inspira a beleza das formas simples, no sentimento de uma ordem, de uma medida interior? Você saberá assim se você é mais dionisíaco ou apolíneo.

6) Será que você é capaz de não levar sua vida a sério, mas de concebê-la como um jogo? Ou como uma *experimentação*? Em que isso o ajuda a digerir os seus fracassos, seus defeitos, seus sofrimentos? Será que você poderia rir disso ou se dar conta de que, sem derrota, qualquer jogo seria um tédio mortal?

Gritar *bis* para a própria vida

Quaisquer que possam ser as críticas e os compromissos sociais de um artista, qualquer que seja o seu desejo de mudar a realidade pela sua atividade, ele ama tanto a vida, que não se contenta em vivê-la, mas busca prová-la uma *segunda* vez através de sua obra. Ele está disposto a *reviver* os piores episódios de sua vida e os piores eventos da história na sua arte e, assim, eternizá-los pela criação. E nós, espectadores, ouvintes e leitores, quando somos abalados por um filme, uma canção, um quadro, nós só queremos uma coisa: rever esse filme ou essa tela, escutar novamente essa canção, tudo recomeçar, desde o início.

> "Queremos sem cessar reviver uma obra de arte! É assim que deveríamos moldar a própria vida, de maneira a ter o mesmo desejo perante cada uma de suas partes. Eis o pensamento principal!" (*Fragment posthume de 1881* [*Fragmento póstumo de 1881*], 11 [165]).

O prazer da repetição

Será que poderíamos ter perante a nossa vida a mesma atitude que temos perante uma obra de arte? Estaríamos dispostos a reviver nossa vida, inclusive seus momentos mais dolorosos e os mais entediantes? Nós temos tendência a querer repetir nossos prazeres mais intensos, reviver um amor antigo e retornar a um lugar que nos marcou. O desejo de repetição é uma forma superior de afirmação, uma maneira de multiplicar e aprofundar o sim à vida.

Ao querer repetir um ato, não dizemos somente sim uma vez, mas uma infinidade de vezes. No entanto, será que poderíamos ter essa atitude em relação a *toda* a nossa vida e não somente em relação aos seus momentos mais agradáveis?

Por que gostamos de repetir? No desejo de repetição se exprime uma angústia perante a fuga do tempo que parece privar as coisas de toda consistência. Porque as coisas passam, temos a impressão de que elas nunca existiram e então fazemos tudo para ressuscitá-las. Essa insatisfação nascida do caráter efêmero das coisas exprime o *desejo de eternidade* próprio de cada ser humano. Se Nietzsche critica as religiões e sua invenção de um trasmundo sobrenatural, ele não renega, no entanto, o desejo de eternidade que elas pretendem satisfazer. Esse desejo é mais profundo do que o medo da morte, porque é um componente essencial de *todo* desejo. Em sua "canção ébria", *Zaratustra* mostra que é a própria experiência do prazer e da alegria que nos leva a querê-la eterna.

"Oh homem, tome cuidado!

O que diz a profunda meia-noite?

Eu dava, eu dormia –

Eu acordei de um sonho profundo:

O mundo é profundo

E mais profundo do que o dia pensava.

Profunda é a sua dor.

E a alegria – mais profunda ainda do que a dor do coração.

A dor diz: pereça!

No entanto, a alegria quer a eternidade –

– Ela quer uma eternidade profunda, profunda!" (*Assim falava Zaratustra*, 4. "A canção ébria").

Vemos como o cristianismo perverteu esse desejo de eternidade tão profundamente humano. Para começar, ele vê a vida eterna não como um aprofundamento de nossa alegria de viver, mas como um resgate de nossa dor de viver. É porque o cristão sofre da vida que ele espera por uma melhor após a morte. Os cristãos são assim convidados a sofrer mais para merecerem a sua passagem para a eternidade, todo prazer aqui em baixo sendo uma hipoteca do prazer no além. A eternidade cristã não é, portanto, uma celebração do efêmero e do devir, mas uma *vingança* do aspecto passageiro e frágil da vida.

É preciso buscar a eternidade na vida

A crença na vida eterna desvaloriza assim o mundo real e nossa vida presente. O mundo é apenas aparência passageira e a verdadeira vida encontra-se alhures, cantam em coro o cristão, o muçulmano e o budista. Por conseguinte, a vida não é mais do que uma prova, na melhor das hipóteses uma escola preparatória, na pior um suplício, na maioria dos casos um longo momento absurdo que é preciso passar antes de passar às coisas sérias. Perante essa eternidade do além, a vida daqui de baixo não vale mais nada.

> "Quando se desloca o centro de gravidade da vida *não* para a vida, mas para o 'além' – *para o nada* –, remove-se da vida todo centro de gravidade, qualquer que seja. A grande mentira da imortalidade pessoal destrói toda razão, toda natureza do instinto, – tudo o que, nos instintos, é benéfico, favorece a vida e garante um futuro agora suscita a desconfiança. Viver de *tal maneira* que viver não tenha mais *sentido, eis* o que se torna agora o 'sentido' da vida..." (*O anticristo*, 43).

Chateaubriand pode então escrever: "Sem a ideia de viver eternamente, nada por toda parte". Quando o homem cessa de acreditar no além, ele se torna niilista. A inexistência no nada compromete para ele a existência do mundo. Mas mesmo quando ele acredita no além, a vida aqui de baixo perdeu seu peso, sua agudeza e sua importância. A "vida eterna" se torna um pretexto para não viver esta vida com toda a intensidade necessária. Ora, para fecundar e fortalecer esta última, deveríamos ver a eternidade no interior em vez de no exterior da existência.

"Imprimamos a imagem da eternidade em nossa vida! Esse pensamento contém mais do que todas as religiões, que desprezam esta vida pelo seu caráter efêmero e ensinaram a voltar o olhar para uma *outra* vida indeterminada" (*Fragmento póstumo de 1881*, 11 [159]).

Para colocar a eternidade de volta *na* vida, um remédio ou um antiveneno é necessário a fim de curar essa doença humana que consiste em depreciar nossa vida presente em favor de uma vida melhor hipotética. Nesse ponto também, os valores do cristianismo devem ser invertidos. Precisamos de uma crença que desvie nosso olhar do além para dirigi-lo para a terra, para o instante que estamos vivendo e a ação que estamos realizando. Em um primeiro momento, essa crença, que é aquela do eterno retorno, é desesperante.

> "*O peso mais pesado.* – E se um dia ou uma noite, um demônio se arrastasse furtivamente em sua solidão solitária e lhe dissesse: 'Esta vida, tal como você a vive e viveu, você terá que vivê-la ainda uma vez e ainda inúmeras vezes; e ela nada comportará de novo, ao contrário, cada dor e cada prazer e cada pensamento e suspiro e tudo o que há na sua vida indizivelmente pequeno ou grande deve para você voltar, e seguindo a mesma sucessão e o mesmo encadeamento – e igualmente esta aranha e este luar entre as árvores, e igualmente este instante e eu mesmo. A eterna ampulheta da existência é continuamente revirada, e você com ela, poeira de poeira!' – Você não se lançará por terra rangendo os dentes e amaldiçoando o demônio que falou assim? Ou você já viveu um instante formidável no qual você lhe responderia: 'Você é um Deus e eu nunca ouvi nada de mais divino?'" (*A gaia ciência*, IV, 341).

A ideia de dever reviver uma infinidade de vezes cada instante de nossa vida pode efetivamente nos levar ao desespero. Pois não se trata de tomar a própria vida em bloco para se perguntar se queremos revivê-la, mas de conceber a cada momento revivê-la eternamente: aborrecimentos de todos os tipos, os engarrafamentos, as disputas, os acidentes, as tragédias, as doenças e os pesares. O eterno retorno é assustador, porque ele significa o retorno do que é doloroso, mas igualmente porque uma repetição infinita de tudo o que é monótono, entediante, frustrante acarretaria ainda mais monotonia, tédio e frustração: é justamente o "mesmo" que deve voltar eternamente. E Nietzsche se arrepia de náusea com a ideia de ver o eterno retorno de sua mãe castradora e de sua irmã ignorante e antissemita...

Abster-se de toda escapatória da vida

É nesse aspecto repugnante e exasperante que, no entanto, reside a virtude curativa da doutrina do eterno retorno. Devemos experimentar essa claustrofobia da existência para compreender que não existe nenhuma escapatória da vida e, portanto, nenhuma desculpa para não a viver plenamente. Perante uma vida muito dolorosa, alguns veem o suicídio como um último recurso, uma saída de emergência cuja simples ideia permite aliviar o sentimento opressivo da vida. A doutrina do eterno retorno não nos deixa sequer essa saída: teríamos então que reviver nosso suicídio também, uma infinidade de vezes, com seu sentimento de fracasso, de covardia, de abandono. O eterno retorno funciona como um espantalho e como um aguilhão. Ele nos força a assumirmos nossa vida e a transformarmos cada instante de maneira a querermos a sua repetição infinita. Porque se é realmente a mesma vida que voltará eternamente, o medo dessa ideia nos força a viver uma vida *diferente*. Nietzsche aposta que a ideia do eterno retorno é capaz de nos mudar em profundidade.

> "Mas, se tudo for necessário, como posso dispor dos meus atos? O pensamento e a crença são pesos que pesam sobre você ao lado de todos os outros pesos, e mais do que eles. Você diz que a alimentação, a localização, o ar e a sociedade o transformam e o determinam? Bem, suas opiniões o fazem ainda mais, pois elas o determinam em relação a essa alimentação, essa localização, esse ar e essa sociedade. – Se você incorporar o pensamento dos pensamentos, ele o transformará. A questão acerca de tudo o que você queira fazer: 'É assim que eu quero fazê-lo inúmeras vezes?' é o peso *mais pesado*" (*Fragmento póstumo de 1881*, 11 [143]).

A ideia parece paradoxal: se a minha vida é apenas uma enésima repetição do que eu faria por toda a eternidade, como eu a poderia mudar? Se é o *mesmo* que deve voltar, como essa perspectiva poderia me tornar *diferente*? Nietzsche responde que, como qualquer ideia, o pensamento do eterno retorno tem o poder de me mudar. Esquecemo-nos frequentemente que, em um universo onde tudo é determinado por uma causa, nossas ideias não são impotentes, porque elas também fazem parte das causas que nos determinam. É certo que o simples fato de *imaginar* o eterno retorno não é suficiente. É necessário ainda poder *incorporá-lo*, prová-lo e vivê-lo na própria carne.

A ideia do eterno retorno desempenha o papel de um *cutelo*, de um *bisturi* e de um *chicote*. É um cutelo, porque elimina automaticamente a possibilidade de uma vida infeliz e fracassada: ninguém gostaria de repetir infinitamente uma vida como essa. Assim, quando Nietzsche diz que "os fracos e os fracassados devem perecer", ele pensa no eterno retorno como uma arma de eliminação dos fracos, mas não no sentido físico do termo. Segundo ele, a simples ideia da infinita repetição de nossa vida fracassada nos *obriga* a nos fortalecer, a renunciar ao rancor e ao ressentimento, a fazer perecer em *nós mesmos* nossa fraqueza por simples instinto de sobrevivência. Para não ser esmagado pelo peso dessa perspectiva, não temos outra escolha senão matar o nosso próprio fracasso.

Multiplicar a aposta na própria vida

A ideia do eterno retorno é, em seguida, um bisturi. Ela elimina meticulosamente todos os atos que realizamos sem verdadeiramente querê-los. Isso se aplica a *meio-quereres*, desejos hipócritas ou conformistas, ações realizadas por simples conforto ou covardia, todas essas coisas que são feitas *por falta de algo melhor* ou *por enquanto*. O mesmo aplica-se ao que apenas nos permitimos porque acreditamos tratar-se da última vez: o último cigarro, o último drinque, a última vez que suporto este ou aquele inconveniente sem relutar ou que me permito essa ou aquela covardia. O eterno retorno nos ensina que *nunca* há uma última vez, que cada ato singular, por mais insignificante e passageiro que seja, retornará infinitamente. Uma tal ideia me proíbe doravante tudo o que eu admitia ou tolerava até então à espera de um futuro melhor, porquanto o próprio instante presente é o meu futuro. A doutrina do eterno retorno retém assim da moral religiosa a noção de uma punição ou de uma recompensa pelo valor de nossos atos. Todavia, essa sanção não se encontra em um além ou em um tribunal exterior. É o meu próprio ato que é a sua própria recompensa ou a sua própria punição, na medida em que é amplificado infinitamente pela ideia de sua repetição eterna. O eterno retorno não me deixa assim outra escolha senão fazer o que eu gosto ou gostar do que faço. Ele nos obriga a dizer, como Zaratustra:

> "Fundamentalmente, eu só amo a vida, – e, na verdade, sobretudo quando eu a odeio!" (*Assim falava Zaratustra*, II. "O canto da dança").

Finalmente, a ideia do eterno retorno age como um chicote que nos obriga a sermos criativos. Se a vida nos parece insana, nós já não temos a opção de acreditar em um trasmundo, nem de fugir do absurdo pela morte voluntária. Nós temos o dever de dar um sentido a esta vida, porque sua ausência de propósito e sua repetição mecânica e cega a tornam ainda mais insignificante. Somos forçados a viver como artistas, refinando a nossa existência como um joalheiro, retrabalhando-a mil vezes, a aperfeiçoando, embelezando e tornando mais intensa e mais inebriante.

O eterno retorno do mesmo não pode, portanto, passar sem a criação do novo. Como não poderíamos sofrer a eterna repetição de uma vida monótona, devemos aprender a criar uma vida rica antes mesmo de pensar em vivê-la de novo. Uma vez que essa ideia esteja bem-ancorada, seremos forçados a inventar variações de nossa existência: escrevemos uma peça de teatro que será vista centenas de vezes, em vez de uma peça que logo jogaremos na lata de lixo.

Já não ter nem remorso nem arrependimento

Com a perspectiva que Nietzsche propõe, somos igualmente obrigados a lançar um outro olhar sobre o passado. Querendo o retorno do presente, devemos também querer o retorno de dias distantes, porquanto o nosso passado *é* o nosso futuro. A ideia do eterno retorno nos cura então dessa última forma de ressentimento e de impotência que Nietzsche chama de *espírito de vingança*. Mesmo se formos capazes de criar o nosso presente e de moldar o nosso futuro, permaneceremos prisioneiros do nosso passado, sobre o qual a vontade não tem controle. Seja o arrependimento, o remorso, as más decisões, as oportunidades perdidas, a dor das lembranças dolorosas ou a nostalgia dos momentos felizes, nosso passado nos lembra da impotência de nossa vontade. Alguns lamentam as escolhas que fizeram ou não fizeram e procuram um culpado: a irreversibilidade do tempo, a impossibilidade de corrigir erros antigos. Toda vingança quer voltar atrás e apagar o quadro, toda nostalgia procura trazê-lo de volta à vida. A ideia do eterno retorno nos cura dessa doença. Se devemos reviver ao infinito os eventos do passado, devemos fazer deles nossa vontade, assumir plenamente nossos atos, e já não haverá lugar nem para o remorso nem para o arrependimento.

> "Assim a vontade, essa libertadora, pôs-se a machucar: e ela se vinga sobre tudo o que pode sofrer do fato de ela não poder voltar atrás.
>
> Isso, sim, só isso é a própria vingança: o ressentimento da vontade para com o tempo e o seu 'foi'. [...]
>
> Todo 'foi' é um fragmento, um enigma, um horrível azar, – até que a vontade criadora diga a esse respeito: 'Mas eu o quis assim!'" (*Assim falou Zaratustra*, II. "Da redenção").

Reconciliar-se com a passagem do tempo

A ideia do eterno retorno nos reconcilia com o tempo. A metafísica e a religião opuseram o tempo e a eternidade, vendo o *devir* – que é passageiro, efêmero, mutável – e o *ser* como contrários. Mas o tempo *é* eterno na medida em que é circular. E o ser do devir consiste no fato de *retornar*. Mesmo se o mundo fosse apenas uma gigantesca loteria, nós estaríamos, no entanto, seguros de que um dia as mesmas bolas cairiam na mesma sequência. Se o devir não tem nem propósito nem fim, se nós não nos encaminhamos nem para um paraíso nem para um apocalipse, as simples regras da probabilidade aleatória querem que tudo o que se produz se reproduza um dia.

Se conseguirmos incorporar essa ideia e agir em conformidade, então atingiremos o mais alto estado da vontade de potência: "Marcar o devir do caráter do ser – eis a suprema vontade de potência" (*Fragmento póstumo de 1886-1887*, 7 [54]). Será que somos suficientemente fortes para isso? Será que somos suficientemente apaixonados pela vida e suficientemente *insaciáveis* para pedir uma nova parcela de sofrimento e de alegria, de ferimentos e de prazeres, de surpresas e de decepções, de errâncias e achados? Tal seria o novo ser humano, aquele que teria atravessado as provações do pessimismo e do niilismo para ir ao encontro de uma nova aurora.

> "Quem como eu [...] tiver longamente se esforçado em pensar o pessimismo em profundidade [...] terá talvez [...] aberto os olhos para o ideal inverso: o ideal do homem mais exuberante, mais transbordante de vida, aquele que diz o maior sim do mundo, que não simplesmente se resignou ao que foi e é, mas, muito pelo contrário, quer tê-lo de novo, *tal como foi e é*, por toda eternidade, gritando insaciavelmente *da capo...*" (*Além do bem e do mal*, III, 56).

Ação filosófica

1) Há certamente atividades na sua vida que você gostaria de repetir regularmente. Que interesse você encontra na sua repetição? Há certamente outras que você não gostaria de repetir, mas que a sua vida o obriga a realizar regularmente. Como você poderia mudar essas atividades para que você as repetisse com prazer? Será que isso depende somente da sua atitude ou também da sua maneira de efetuá-las?

2) Se a sua vida devesse se repetir eternamente como a doutrina do eterno retorno prevê, o que você mudaria nela? Será que há coisas que você não faria mais porque não suportaria a sua repetição, e outras, ao contrário, que você aperfeiçoaria? Comece desde agora a se impregnar dessa ideia, perguntando a si mesmo a cada instante que você vive: "Será que eu quereria reviver esse instante uma infinidade de vezes? Como essa ideia o muda, como ela muda as suas decisões e os seus comportamentos?"

3) Será que há muitas ações e gestos no seu quotidiano que você realiza sem verdadeiramente os querer, o que Nietzsche chama de meio-querer? Ou será que existem coisas que você faz dizendo que é "só a última vez"? A ideia de que a sua vida se repetirá infinitamente o ajuda a parar completamente de fazê-las ou a compreender que, na realidade, você *quer* realizá-las e tem prazer nisso?

Ser um arco estendido para o futuro

Viver de tal maneira que se queira sempre repassar por cada instante parece uma tarefa titânica e super-humana. Seria necessário ser infalível para que nossos atos e nossas decisões tivessem a segurança e a perfeição dignas dessa repetição infinita. Ou então alguém teria que ser insensível ao sofrimento e ao tédio para suportar experimentá-los pela eternidade. Talvez seja necessário decidir aceitar a fraqueza humana, que precisa de desculpas para seus fracassos, que busca sempre libertar-se da responsabilidade de seu mal-estar e inventar escapatórias. Será que o ressentimento e a má consciência fazem inexoravelmente parte da natureza humana? Nossa inadequação à realidade seria então constitutiva de nossa personalidade, de sorte que nos sentiríamos necessariamente culpados quando gozássemos da vida e procuraríamos necessariamente bodes expiatórios quando não a gozássemos? A ideia do eterno retorno nos proíbe essas desculpas e nos obriga a assumirmos plenamente tanto a nossa potência como a nossa impotência. É pedir muito? Nietzsche coloca-se para si mesmo a questão. Em um momento de dúvida, ele escreve em seu caderno:

> "Eu não quero que minha vida se *repita*. Como eu a suportei? Criando. O que me faz suportar seu aspecto? O olhar para o super-homem que *afirma* a vida. Eu tentei afirmá-la eu mesmo – Infelizmente!" (*Fragmento póstumo de 1882-1883*, 4 [81]).

Nietzsche admite então que ele mesmo não é capaz de suportar a ideia do eterno retorno, que não quer que sua vida se repita, porque não consegue afirmar todos os seus aspectos. Do mesmo modo, talvez ainda estejamos demasiadamente encharcados do niilismo, demasiadamente marcados pela religião e pela moral, para dizer plenamente sim à vida. É possível que ainda não estejamos prontos para suportar a provação do eterno retorno. No entanto, podemos conceber como seria uma humanidade que fosse capaz de fazê-lo: é isso que Nietzsche chama de tipo *super-humano*, ou *super-homem*.

O homem plenamente realizado e realista

O que caracteriza o super-humano? Será uma força extraordinária, uma vocação para dirigir ou dominar, o gênio artístico, uma inteligência fora do comum? A ideia do super-humano é, na realidade, muito mais simples: é aquele que, sozinho, é capaz de suportar a provação do eterno retorno, porque é o único a aceitar plenamente a realidade, tanto a sua própria como aquela que o rodeia.

> "A espécie de homem que [Zaratustra] concebe, concebe a realidade *tal como ela é*: é forte o suficiente para isso –, ela não lhe permanece estranha nem distante dela, ela é *essa realidade mesma*, ela também contém em si tudo o que essa realidade tem de assustador e duvidoso, *pois que é assim que o homem pode ter grandeza*" (*Ecce homo.* "Porque eu sou um destino", 6).

Estar insatisfeito consigo mesmo e com a própria vida, aspirar a um ideal que contradiz a realidade, querer transcender-se a si mesmo e tornar-se outro são fraquezas típicas do ser humano. O homem que assumisse plenamente a sua realidade seria ainda um homem? Todavia, o simples desejo de uma *outra* humanidade, mais forte, mais realista, não equivale também a manifestar seu descontentamento para com o homem *tal como ele é na realidade* e aspirar a um ideal que nega a nossa realidade humana, demasiado humana? Por conseguinte, o esboço do super-homem não seria uma expressão de um *ressentimento* para com a mediocridade do homem *real*? Será que a invocação mesma do super-homem não contradiz os valores que Nietzsche proclama como pertencentes a ele?

Ultrapassar-se e não fugir de si

É esquecer que o desejo de se ultrapassar ou se *superar* é uma característica fundamental não somente do homem, mas da vida em geral. Toda potência visa a ir além de sua potência.

> "E a própria vida me disse este segredo: 'Veja, ela diz, eu sou o que deve sempre superar-se a si mesmo'" (*Assim falava Zaratustra*, II. "Da superação de si").

É natural que o ser humano almeje se superar. Mas o homem ocidental compreendeu essa superação como uma fuga de si, como uma negação da realidade. Para o *ideal ascético*, superar-se significava superar os próprios instintos para desenvolver exclusivamente a própria razão, destruir o corpo para glorificar o espírito. O homem se dividiu em dois e, ao querer ser Deus, ele escolheu combater-se a si mesmo.

> "Considero todas as maneiras de pensar metafísicas e religiosas como a consequência da insatisfação, *no homem*, de uma pulsão que o atrai para um futuro mais elevado, super--humano – salvo pelo fato de que os homens quiseram fugir *de si mesmos* no além, em vez de construir esse futuro. *Um mal-entendido das naturezas superiores que sofrem da feiura do homem*" (*Fragmento póstumo de 1884*, 27 [74]).

Para Nietzsche, o desafio consiste em mostrar que o homem pode se superar, não fugindo da sua realidade, mas tornando-se ainda *mais* real. Ele pode se superar, não *negando* a sua natureza, mas a afirmando mais. Em vez de aspirar a ser Deus, ele deve aspirar a ser plenamente humano.

O exemplo dos grandes homens do passado

De tais homens completos, realizados e reais, a história tem mostrado alguns exemplos. Nietzsche cita César, Napoleão, mas, antes de tudo, artistas, Shakespeare, e, sobretudo, o poeta, político e cientista alemão Goethe. Goethe é o modelo do homem esboçado por Nietzsche: ele é tão rico, que sabe dominar grandes contradições, ele afirma a vida em sua totalidade, reunindo uma natureza forte e o refinamento da arte.

> "Goethe concebeu um homem forte, altamente educado, dotado para todas as atividades envolvendo o corpo, controlado, tendo respeito por si mesmo, que pode arriscar concordar com toda a extensão e a riqueza da naturalidade, que é forte o bastante para essa liberdade; o homem da tolerância, não por fraqueza, mas por força, porque sabe utilizar a seu favor o que faria perecer a natureza média; o homem a quem nada mais é proibido, exceto a *fraqueza*, quer ela seja chamada de vício ou de virtude... Um tal espírito *tornado livre* se mantém em meio a tudo com um fatalismo alegre e confiante, cheio da crença de que só é condenável o que é separado, de que na totalidade tudo é salvo e afirmado – *ele já não nega*... Mas uma tal crença é a mais elevada de todas as crenças possíveis, eu a batizei com o nome de *Dionísio*"[13] (*O crepúsculo dos ídolos.* "Incursões de um extemporâneo", 49).

Na história da humanidade, homens como Goethe foram, no entanto, exceções. Para dizer a verdade, eles foram *acidentes de percurso, monstros*, de certa forma, *anomalias*, uma vez que nossa cultura, nossa educação e nossa moral visam a produzir o tipo de homem contrário: servil, envergonhado do que ele é, desconfiado da felicidade dos outros, intolerante por não ser seguro de si mesmo. Será então possível transformar nossa cultura a fim de que ela favoreça a vinda desses indivíduos? Qual é o solo, o húmus, o clima que faz tais criaturas crescerem?

Construir a morada do homem futuro

É neste ponto que a ideia do super-homem faz todo o sentido para a nossa própria vida. Porque mesmo que não consigamos ainda afirmar completamente a nossa realidade e suportar a pro-

---

13 Todo Nietzsche está resumido neste excerto. A passagem sobre a totalidade que redime todas as coisas, que só é condenável vista isoladamente, mostra sua grande dívida para com Espinosa, a influência principal e reivindicada de Goethe.

vação do eterno retorno, podemos trabalhar para que isso seja um dia possível. Nietzsche escreve mesmo que ele suportou a vida "criando" e "voltando o seu olhar para o super-homem". Ambos andam necessariamente de mãos dadas. É fabricando o novo que preparamos a vinda de novos homens e é a esperança dessa nova humanidade que nos assegura que nosso trabalho de criação não foi em vão. Nesse sentido, nós somos seres de transição, das passagens, das pontes, das cordas esticadas sobre um abismo, aquele que separa o animal do super-homem.

> "O que é grande no homem é que ele é uma ponte e não uma meta: o que se pode amar no homem é que ele é uma *transição* e que ele é um *declínio*.
>
> Eu gosto daqueles que não sabem viver, a menos que vivam no declínio e na passagem.
>
> Eu amo aqueles que estão plenos de um grande desprezo, pois são eles que veneram e que são flechas de desejo de ir para a outra margem.
>
> Eu gosto daqueles que não vão primeiro procurar além das estrelas uma razão para declinar e serem vítimas; mas aqueles que se sacrificam à terra, a fim de que a terra seja um dia aquela do super-humano.
>
> Eu amo aquele que vive a fim de conhecer e aquele que quer conhecer a fim de que um dia viva o super-humano. Assim ele quer seu declínio.
>
> Amo aquele que trabalha e inventa a fim de construir a morada do super-humano e preparar para ele a terra, besta e planta: pois assim ele quer o seu declínio" (*Assim falou Zaratustra*. Prólogo, 4).

Da mesma maneira que nos apoiamos sobre a herança das gerações precedentes, nossos esforços não darão necessariamente todos os seus frutos durante a nossa vida. Nós obtemos a energia que beneficiará outros mais tarde. Eis porque devemos nos dirigir *para a nossa perdição*. Eis porque nos cabe ir até o fim do que podemos, nos exaurir e talvez fracassar em nossa tarefa, sabendo que nossa derrota será o humo de um sucesso futuro.

O amor ao distante, e não ao próximo

Essa é a razão pela qual Nietzsche critica tanto o egoísmo quanto o altruísmo. O ego é uma ilusão, porque cada indivíduo é apenas uma etapa de transição na evolução da humanidade, um "broto em um ramo de árvore". O amor ao próximo não é a verdadeira alternativa ao egoísmo, pois ele visa sempre a satisfação mesquinha de um ego limitado. Nietzsche prefere a noção de um "amor ao distante". Não é em favor de seu vizinho de rua que se deve agir, mas de possibilidades ainda inexploradas da humanidade, que um dia florescerão graças aos nossos esforços presentes.

Esse amor ao distante e essa admiração por uma grandeza humana futura são o sinal de uma *nova aristocracia* que Nietzsche solicita. A aristocracia, tal como a conhecemos, é uma usurpação, pois que ela tira a sua nobreza de uma grandeza humana *passada*. Mas uma verdadeira aristocracia estará voltada para o *futuro*, ela tirará sua nobreza de seus descendentes, das novas formas de vida que ela tornará possíveis.

> "Oh, meus irmãos, não é para trás que a sua nobreza deve olhar, mas *para longe*! Vocês devem ser banidos de todos os países de seus pais e seus antepassados!
>
> É o *país de seus filhos* que vocês devem amar: que esse amor seja a sua nova nobreza – esse país ainda a descobrir no mar mais distante" (*Assim falou Zaratustra*, III. "Das velhas e das novas tábuas", 12).

O que fazer, no entanto, se não formos feitos do estofo do super-homem, nem mesmo daquele dos seus ancestrais? Se formos desprovidos dessa ambição, desse "desejo da outra margem", seremos os valetes dessa nova aristocracia, os escravos desses novos senhores?

Será que nós todos podemos ser super-homens?

Certamente gostaríamos que todos pudessem realizar uma vida absolutamente singular e excepcional, superar-se e tornar-se um "super-homem" à sua maneira. No entanto, uma tal sociedade não parece possível na medida em que é preciso necessariamente indivíduos para efetuar tarefas repetitivas, processuais, burocráticas e estereotipadas. Uma análise mais profunda mostra que muita gente *não quer ser* excepcional, singular e criativa. Muitos não estão interessados em se questionar, em conhecer a emoção do perigo, físico ou intelectual, mas preferem o conforto de ideias fixas e consoladoras. Em vez de ter responsabilidades, de estarem sós perante suas decisões, eles optam deliberadamente pela submissão a uma estrutura, uma função, uma hierarquia, *uma moral*. Deveríamos culpá-los? Deveríamos a todo custo querer mudá-los? Uma grande parte da filosofia de Nietzsche pode ser vista como uma guerra contra a mediocridade e contra uma moral que não tem outro propósito senão promovê-la, sufocando toda tentativa de deixar as fileiras. Assim, Nietzsche escreve em 1886:

> "Só os medíocres têm uma perspectiva de perpetuação e de propagação – são os homens do futuro, os únicos que sobreviverão: 'Sejam como eles! Tornem-se medíocres!' Eis hoje a única moral que ainda tem sentido, que ainda encontra ouvidos" (*Além do bem e do mal*, IX, 262).

Nietzsche sustentará, com efeito, que é preciso não defender os fracos dos fortes, mas os fortes dos fracos, que, por serem mais numerosos, sempre vencerão os fortes. Darwin se enganou, continua ele. Não são os fortes que sobrevivem e se reproduzem, são os fracos e os medíocres. Alguns anos mais tarde, ao fim de sua vida filosófica, Nietzsche parece ter mudado de posição. Como de costume, ele se dá conta de seus excessos, em um desses movimentos pendulares típicos de sua filosofia, sinal do que ele chama de *probidade* intelectual, a honestidade que exige que se questione sem cessar as próprias posições. Ele então escreve em 1888:

"Seria perfeitamente indigno de um espírito mais profundo ver de imediato uma objeção na mediocridade em si. Ela é mesmo a necessidade *primeira* para que possa haver exceções: ela torna possível uma alta cultura. Quando o homem de exceção manuseia corretamente os medíocres com um toque mais delicado do que a ele mesmo e seus semelhantes, não é apenas cordialidade, – é simplesmente seu *dever*" (*O anticristo*, 57).

É o lugar da nossa felicidade que decide

Vê-se então que mesmo em uma sociedade hierárquica, piramidal e desigualitária, como a que Nietzsche preconiza, pode existir uma forma de igualdade. Não é a igualdade das condições ou responsabilidades, mas a igualdade das considerações devidas a todos, a igualdade do bem-estar que todos podem reivindicar. Se a mediocridade não é um defeito ou uma tara, ela não é uma fatalidade infeliz. Ela é uma *escolha*. Por conseguinte, Nietzsche não defende a ideia de igualdade de direitos. Pois que a mediocridade, ele argumenta, é um privilégio, uma vez que ela comporta vantagens, facilidades e recompensas que estão fora do alcance dos homens de exceção. A questão fundamental que decide a hierarquia e o nosso lugar na sociedade é saber *onde* se encontra a felicidade e *de que* depende a nossa realização.

> "Para ser de utilidade pública, ser uma engrenagem, uma função, é preciso estar destinado a isso pela natureza: *não* é a sociedade, mas a espécie de *felicidade* da qual os muitos são capazes que faz deles máquinas inteligentes. Para o medíocre, ser medíocre é uma felicidade: a maestria em um único domínio, a especialização é para ele um instinto natural" (*O anticristo*, 57).

Onde se situa a nossa felicidade? Está na recusa a uma felicidade fácil, na vitória sobre o sofrimento e no gosto do perigo, no enfrentamento da incerteza e do absurdo da existência? Ou está em um bem-estar abastado, no conforto de crenças tranquilizadoras, no hábito de uma atividade bem conhecida e no sentimento de ser útil? Está no risco do futuro ou na segurança do presente? Queremos nos estragar na busca da excelência ou nos conservar no frasco da mediocridade? Aspiramos a ser super-homens ou nos contentamos em ser os *últimos homens* ou alguma etapa intermediária entre os dois? Talvez seja de nossa ambição desmesurada e de nossa exigência desumana que também devemos nos curar.

Tendo chegado a este ponto, Nietzsche já não nos é útil, mesmo que tenha o mérito de nos deixar a escolha. Devemos agora escutar o que ele nos pediu na epígrafe deste livro. Chegou a hora de perder Nietzsche e de encontrar-*se a si mesmo*.

Elementos de uma vida

Tanto o pai como os dois avôs de Friedrich Nietzsche, nascido em 15 de outubro de 1844 na pequena cidade de Röcken (Saxônia), eram pastores protestantes. O que quer dizer que ele sabia de cor a partitura cristã antes de declarar a "guerra ao cristianismo". Ele sempre guardará, no entanto, uma lembrança comovida e nostálgica de seu pai, que enlouqueceu depois de uma queda, quando Nietzsche tinha apenas quatro anos de idade, antes de morrer um ano mais tarde. Após a morte precoce de seu irmão mais novo, Nietzsche cresceu em um ambiente exclusivamente feminino: sua irmã Elisabeth, sua mãe, sua avó e duas tias solteiras. No prestigiado colégio interno de Pforta, o adolescente Nietzsche se faz notar por um ensaio sobre o poeta visionário Hölderlin, que também morreu após anos de insanidade. Ele é aconselhado a interessar-se por poetas "mais sãos, mais limpos e mais *alemães*", quase um século antes que o seu gênio seja finalmente reconhecido por todos.

Na universidade, Nietzsche troca rapidamente seu curso de teologia pelos estudos de filologia: a filosofia nietzschiana permanece devedora dessa arte do deciframento de textos antigos e das línguas perdidas, uma vez que Nietzsche concebe a realidade como uma *interpretação* e se empenha em decifrar o sentido afetivo e fisiológico dos sintomas religiosos, metafísicos, morais e artísticos. É nessa época também que ele descobre por acaso, em uma livraria, o grande livro de Arthur Schopenhauer, *O Mundo como vontade e representação*, cujas mil páginas ele leu de uma só vez. Se toda a filosofia de Nietzsche pode ser vista como uma tentativa de refutar o pessimismo de Schopenhauer, ele permanece, no entanto, fiel ao seu mestre, na medida em que sua filosofia de uma afirmação alegre do trágico da existência pressupõe, no entanto, a constatação pessimista teórica, e não prática, de Schopenhauer.

É na flor da idade, aos 24 anos, que Nietzsche publica seu primeiro livro, *O nascimento da tragédia no espírito da música*. Esse livro – no qual já se encontram as principais posições e problemáticas que acompanharão toda a sua obra – causou sensação, ao ponto de lhe oferecerem imediatamente um posto de professor na Universidade da Basileia, antes mesmo que ele tivesse defendido sua tese. Ele testemunha também a influência de Richard Wagner – cuja partitura para piano da ópera *Tristão e Isolda* Nietzsche descobre, entusiasticamente, antes de encontrar o mestre em pessoa em sua casa de Tribschen, não muito longe da Basileia. Nietzsche percebe que existem verdadeiros gênios no fim do século XIX. Ele encontra também, na pessoa de Wagner, um pai substituto e, na de sua esposa Cosima, filha de Franz Liszt, o exemplo de uma mulher sofisticada e cosmopolita.

Mas tudo muda quando Wagner se entroniza como um Deus vivo em seu templo de Bayreuth. Wagner retorna ao cristianismo, deixando o caminho livre para o seu antissemitismo virulento. Nietzsche escreve em *Ecce homo* que o que nunca perdoou a Wagner foi ter se tornado um "nacionalista do Império Alemão", ao passo que justamente incarnava para ele tudo o que era antialemão, o exotismo voluptuoso que ele qualificava como "haxixe" musical e moral.

Em 1879, seus graves problemas de saúde obrigaram Nietzsche a renunciar ao seu posto na Universidade da Basileia. Com sua magra pensão de invalidez, ele sobrevive entre os Alpes suíços no verão e a costa do Mediterrâneo no inverno; adaptando suas estadias às condições climáticas favoráveis ao seu estado de saúde.

É nessa época que ele conhece Lou Andreas-Salomé, uma jovem russa de 21 anos de idade, superdotada, livre, bonita e independente. Nietzsche reconhece imediatamente nela sua alma gêmea intelectual e sua discípula dos sonhos. Mas seu amigo em comum, Paul Rée, tinha muitos outros interesses na jovem... E, sobretudo, a irmã de Nietzsche, Elisabeth, conspira para destruir esse relacionamento nascente. Ela chama Lou de "animal", a acusa de ser "a filosofia *personificada* do meu irmão, esse egoísmo insano que derruba tudo o que encontra pelo caminho, essa falta total de moralidade", o que atesta tanto a sua possessividade como o seu ressentimento sem limites, mas também a sua incompreensão total da filosofia do seu irmão... Quando Elizabeth se casa com um agitador antissemita, Bernhard Foerster, em 1885, a ruptura é definitiva. Nietzsche não cessa de manifestar sua oposição absoluta à ideologia nauseante de seu cunhado, que ele chama de "ganso antissemita vingativo", mas Elizabeth parte com ele para fundar uma colônia "ariana" e vegetariana no Paraguai.

Nietzsche é obrigado a romper ao mesmo tempo com sua irmã, seu amigo Rée e com Lou, cujas primeiras publicações ele, no entanto, seguirá com interesse. Solitário, abandonado, traído e incompreendido, ele conhece de perto o ressentimento e o rancor, os quais, no entanto, se esforça por condenar em sua filosofia, porque lhe é necessário superá-los em sua vida. Nietzsche se consola em seus longos passeios ao longo das geleiras suíças da Engadina, ou das margens do Mediterrâneo, fiel à sua ideia de que o verdadeiro pensamento só pode resultar da atividade muscular. Em Èze-sur-Mer, nos Alpes Marítimos, encontra-se hoje um "caminho de Nietzsche" que inspirou o *Zaratustra*; e em Sils Maria, no Cantão dos Grisões, se encontra o rochedo que lhe inspirou a ideia do Eterno Retorno. Nietzsche descobre o sol, o mistral, os trovadores provençais e a cozinha piemontesa, que ele considera a "melhor do mundo". Na música de Bizet, ele elogia o espírito "africano", o perfeito antídoto para o peso decadente e germânico de Wagner: Nietzsche já não contempla o seu país de origem senão de um ponto de vista "transalpino".

Enquanto em 1888 ele vive o seu ano de criação mais frenético, escrevendo quatro de suas obras-primas, no começo do ano seguinte ele colapsa. O tom de seus últimos escritos é dos mais virulentos, suas cartas se tornam por vezes francamente megalomaníacas, como quando ele sugere "fuzilar todos os antissemitas", ou mesmo quando propõe seus serviços para "governar o mundo". E então, num dia de inverno, nas ruas de Turim, ele corre em socorro de um cavalo que acabava de ser espancado, o qual ele aperta em seus braços, antes de colapsar e perder os sentidos pelos dez anos que lhe restam viver. Ironia do destino ou sutileza filosófica, o último gesto daquele que se pretendia o carrasco da compaixão e da piedade cristã é uma manifestação desesperada dessas mesmas piedade e compaixão...

O que causou a longa demência de Nietzsche? Durante muito tempo pensou-se que se tratasse de uma paralisia devida à sífilis, provavelmente contraída durante a guerra de 1870. Depois sugeriu-se a possibilidade de uma doença neurológica herdada do seu pai. Mas o que é certo é que a sua doença não podia ser consequência do seu pensamento. Para Nietzsche – é preciso lembrar – é o estado do nosso corpo que inspira nossos pensamentos, e não o contrário. E é preciso observar que a filosofia singular de Nietzsche é o medicamento, a defesa, a astúcia de uma extraordinária saúde que lhe permitiu resistir durante tanto tempo a essa doença subterrânea.

Após seu colapso, Nietzsche é suportado por sua irmã Elisabeth, que o leva de volta para a Alemanha, preparando a imensa falsificação de seu pensamento que permitiu que ele fosse recuperado pelo nazismo nascente. No entanto, nenhum pensador jamais opôs-se tão frontalmente e tão explicitamente aos três pilares desta ideologia assassina: nacionalismo, exaltação do germanismo e antissemitismo não cessaram de ser as abominações de Nietzsche, as quais ele combateu com um vigor premonitório, ele que apela aos "bons europeus".

Durante os últimos anos de sua vida, Nietzsche fala pouco e não se lembra de absolutamente nada de sua obra filosófica. Mas ainda lhe acontece de passar muitas horas improvisando no piano. Embora todo mundo concorde que suas obras musicais como compositor são bastante medíocres, todas as testemunhas de seu tempo notam o seu extraordinário talento para a improvisação. Mas, certamente, é por sua prosa alemã sincopada, colorida, melodiosa e travessa que ele entrou para a história como um dos maiores músicos de todos os tempos.

Guia de leitura

Obras de Nietzsche

A gaia ciência – O livro mais brilhante e prolífico de Nietzsche.

Além do bem e do mal – O livro mais filosófico de Nietzsche, a exposição mais rigorosa e completa de suas ideias da maturidade.

O crepúsculo dos ídolos – Um livro curto e percussivo, que resume as posições mais detidas do último Nietzsche.

Assim falava Zaratustra – O livro mais célebre de Nietzsche é, no entanto, de pouca utilidade para aquele que queira se iniciar em seu pensamento. Por trás de uma linguagem poética, por vezes pesada, por vezes paródica e frequentemente repetitiva se escondem ideias que são mais bem-explicadas nos seus outros textos. A última parte é, no entanto, um monumento da literatura.

Fragmentos póstumos – São amplamente citados neste livro porque eles dizem frequentemente de maneira mais sucinta e mais simples o que as outras obras desenvolvem de maneira mais literária e elaborada. Para o não especialista, no entanto, em comparação às obras publicadas, eles têm pouco interesse. Esta observação vale também para a obra *A vontade de potência*, compilada a partir desses fragmentos.

LEIA TAMBÉM:

Ser livre com Sartre

Frédéric Allouche

O existencialismo de Sartre é parte de um projeto de vida: descobrir-se livre e transformar a própria vida; superar as condições sociais, religiosas ou pessoais que nos entravam; identificar o funcionamento conflitante de nossos relacionamentos com os outros para nos superar; lembrar-se que pensar é ter a liberdade de *escolher*. Em todos os momentos a filosofia de Sartre atua como um estímulo que nos obriga a agir, sem desculpas válidas. Não é complacente porque proíbe pequenos arranjos consigo mesmo, proscreve álibis de todos os tipos e estratégias de escape que às vezes dão boa consciência.

Mas, confrontar-se com a realidade é oferecer a si mesmo a oportunidade de finalmente viver em harmonia consigo mesmo, provar a alegria de ser autêntico.

Esse livro não é um livro apenas para ser lido, mas também para ser posto em prática. Questões concretas a respeito de nossa vida acompanham as teses apresentadas em cada capítulo. Não o leia passivamente, mas arregace as mangas para questionar sua vida e obter assim respostas honestas e pertinentes. Com provocações e exercícios concretos, você será incitado a trazer para dentro de sua vida concreta os ensinamentos da filosofia. Da mesma maneira, esforce-se para se apropriar deles e encontrar situações oportunas para praticá-los seriamente.

Você está pronto para começar a viagem? Pode ser que ela o surpreenda, ou pareça, às vezes, árida, ou quem sabe chocante... Você está preparado para se sentir desestabilizado, arremessado em uma nova maneira de pensar e, portanto, de viver? Essa viagem através das ideias de um filósofo do século XX o transportará também para o fundo de você mesmo. Então, deixe-se guiar ao longo destas páginas, acompanhando as questões e as ideias apresentadas, para descobrir como o pensamento de Sartre pode mudar sua vida.

Frédéric Allouche é formado em etnologia e em psicologia. É professor de Filosofia no Lycée Charles de Foucauld, em Paris.

Nietzsche hoje

Sobre os desafios da vida contemporânea

Viviane Mosé

A estreita relação entre o conhecimento e a vida, razão e emoção, a possibilidade de aproximar opostos, aliás, por que opostos? Não se pode ser uma coisa e outra, em vez de escolher entre uma opção ou outra? Baseada nesses princípios e questionamentos, levantados séculos atrás por Nietzsche, a autora Viviane Mosé apresenta o lançamento *Nietzsche hoje – Sobre os desafios da vida contemporânea*, publicado pela Editora Vozes.

"Viver é o grande desafio, mas é preciso que o fascínio da vida possa nos seduzir, nos embriagar, nos fortalecer para que sejamos capazes de empreender as grandes jornadas em direção a nós mesmos e ao mundo. A arte é um antídoto para o sofrimento; somente a arte nos torna capazes de afirmar a vida com todas as suas contradições e desconhecimentos", reflete a filósofa.

"Uma ode à vida", é assim que a economista Eduarda La Rocque, que assina o prefácio da publicação, define a obra. Ao longo do texto o leitor poderá acompanhar o pensamento do filósofo alemão, que propõe um exercício de autognose, ou seja, de autoconhecimento da humanidade.

A intenção é que a própria espécie se coloque em questão e reflita: O que temos feito? Quais caminhos trilhamos? O que, enfim, nos tornamos? Se o valor da vida foi o impulso ao processo civilizatório, a negação da vida foi o seu fim: ao contrário de buscar uma interação com a vida, um modo de incentivá-la, a civilização foi se especializando em substituir a vida por um conjunto de signos, de ficções. Precisamos contar a história dessa ilusão que se chama razão, esse sonho antropocêntrico de controlar a vida e que hoje desaba. Uma leitura necessária para viver o processo de transformação que impulsiona a filosofia nietzscheana em sua afirmação da vida.

Complementando este lançamento, a Editora Vozes está trazendo de volta ao mercado o livro *Nietzsche e a grande política da linguagem*, também escrito por Viviane Mosé e lançado anteriormente pela Editora Civilização Brasileira.

Agonia do Eros
Byung-Chul Han

O Eros se aplica, em sentido enfático, ao outro, que não pode ser abarcado pelo regime do eu. No inferno do igual, que iguala cada vez mais a sociedade atual, não mais nos encontramos, portanto, com a experiência erótica, que pressupõe a transcendência, a radical singularidade do outro. O terror da imanência, que transforma tudo em objeto de consumo, destrói a cupidez erótica. O outro que eu desejo e que me fascina é sem-lugar; ele se retrai à linguagem do igual. O desaparecimento do outro é um sinal da sociedade que vai se tornando cada vez mais narcisista; a sociedade, esgotada a partir de si, não consegue se libertar para o outro. É uma sociedade sem eros.

Byung-Chul Han nasceu na Coreia, mas fixou-se na Alemanha, onde estudou Filosofia na Universidade de Friburgo e Literatura Alemã e Teologia na Universidade de Munique. Em 1994, doutorou-se em Friburgo com uma tese sobre Martin Heidegger. É professor de Filosofia e Estudos Culturais na Universidade de Berlim e autor de inúmeros livros sobre a sociedade atual, dentre os quais: *Sociedade do cansaço*, *Sociedade da transparência* e *Topologia da violência*, publicados pela Editora Vozes.

Coleção Chaves de Leitura

Coordenador: Robinson dos Santos

A Coleção se propõe a oferecer "chaves de leitura" às principais obras filosóficas de todos os tempos, da Antiguidade Grega à Era Moderna e aos contemporâneos. Ela se distingue do padrão de outras introduções por ter em perspectiva a exposição clara e sucinta das ideias-chave, dos principais temas presentes na obra e dos argumentos desenvolvidos pelo autor. Ao mesmo tempo, não abre mão do contexto histórico e da herança filosófica que lhe é pertinente. As obras da Coleção Chaves de Leitura não pressupõem um conhecimento filosófico prévio, atendendo, dessa forma, perfeitamente ao estudante de graduação e ao leitor interessado em conhecer e estudar os grandes clássicos da Filosofia.

Coleção Chaves de Leitura:

- *Fundamentação da metafísica dos costumes – Uma chave de leitura*
  Sally Sedgwick

- *Fenomenologia do espírito – Uma chave de leitura*
  Ralf Ludwig

- *O príncipe – Uma chave de leitura*
  Miguel Vatter

- *Assim falava Zaratustra – Uma chave de leitura*
  Rüdiger Schmidt e Cord Spreckelsen

- *A república – Uma chave de leitura*
  Nickolas Pappas

- *Ser e tempo – Uma chave de leitura*
  Paul Gorner

CULTURAL
Administração
Antropologia
Biografias
Comunicação
Dinâmicas e Jogos
Ecologia e Meio Ambiente
Educação e Pedagogia
Filosofia
História
Letras e Literatura
Obras de referência
Política
Psicologia
Saúde e Nutrição
Serviço Social e Trabalho
Sociologia

CATEQUÉTICO PASTORAL
Catequese
    Geral
    Crisma
    Primeira Eucaristia
    Pastoral
        Geral
        Sacramental
        Familiar
        Social
        Ensino Religioso Escolar

TEOLÓGICO ESPIRITUAL
Biografias
Devocionários
Espiritualidade e Mística
Espiritualidade Mariana
Franciscanismo
Autoconhecimento
Liturgia
Obras de referência
Sagrada Escritura e Livros Apócrifos
Teologia
    Bíblica
    Histórica
    Prática
    Sistemática

VOZES NOBILIS
Uma linha editorial especial, com importantes autores, alto valor agregado e qualidade superior.

REVISTAS
Concilium
Estudos Bíblicos
Grande Sinal
REB (Revista Eclesiástica Brasileira)

VOZES DE BOLSO
Obras clássicas de Ciências Humanas em formato de bolso.

PRODUTOS SAZONAIS
Folhinha do Sagrado Coração de Jesus
Calendário de mesa do Sagrado Coração de Jesus
Agenda do Sagrado Coração de Jesus
Almanaque Santo Antônio
Agendinha
Diário Vozes
Meditações para o dia a dia
Encontro diário com Deus
Guia Litúrgico

CADASTRE-SE
www.vozes.com.br

EDITORA VOZES LTDA.
Rua Frei Luís, 100 – Centro – Cep 25689-900 – Petrópolis, RJ
Tel.: (24) 2233-9000 – Fax: (24) 2231-4676 – E-mail: vendas@vozes.com.br

UNIDADES NO BRASIL: Belo Horizonte, MG – Brasília, DF – Campinas, SP – Cuiabá, MT
Curitiba, PR – Fortaleza, CE – Goiânia, GO – Juiz de Fora, MG
Manaus, AM – Petrópolis, RJ – Porto Alegre, RS – Recife, PE – Rio de Janeiro, RJ
Salvador, BA – São Paulo, SP